tomate

© Éditions du Chêne-Hachette Livre, 1999

tomate

Lyndsay et Patrick Mikanowski
Photographies Jean-Louis Guillermin

Éditions du Chêne

Sommaire

page 7 — *Avant-propos*

La *tomate* dans tous ses *états*

- page 10 — . Quelques éléments de botanique
- page 18 — . Le tour du monde de la tomate
- page 26 — . « Futuroscopie » de la tomate

Il faut *cultiver* ses tomates

- page 36 — . La culture en pleine terre
- page 47 — . Faites vos semis
- page 51 — . Les modes de culture alternatifs

Le guide des *variétés*

- page 60 — . Les tomates de couleur jaune à orange
- page 66 — . Les tomates de couleur rouge
- page 84 — . Les tomates de couleur rose à violette
- page 88 — . Les tomates de couleur noire
- page 90 — . Les tomates de couleur verte
- page 91 — . Les tomates de couleur blanche
- page 92 — . Les tomates de couleurs bigarrées

41 *amoureux* de la *tomate*

- page 98 — . Les gestes du cuisinier
- page 106 — . Les boissons apéritives
- page 110 — . Les entrées
- page 146 — . Les plats
- page 166 — . Les accompagnements
- page 176 — . Les desserts

- page 188 — Carnet des amoureux
- page 189 — Carnet d'adresses
- page 190 — Carnet de lecture du jardinier
- page 190 — Carnet de lecture du gourmand

Avant-propos

Qui peut se passer de tomates ?

Croquée au « saut du potager », légèrement saupoudrée de fleur de sel ou juste tranchée et parée d'un grand cru d'huile d'olive, la tomate est le luxe en toute simplicité. En plat ou en dessert, en sauce ou en sorbet, elle se plie à tous les désirs culinaires. Facile à cuisiner, elle est aussi facile à cultiver. Un carré de terre, un sol drainé, même pauvre – le goût des tomates n'en sera que meilleur – un peu d'eau, un gros pot, un peu de chaleur... et le pied de tomate pousse comme dans un conte de fées. Le potager du fin fond de la Sibérie, l'étal du primeur parisien et l'économie californienne lui sont redevables de tant de générosité.

Discrètement et sûrement, malgré un accueil initial peu enthousiaste chez les savants, cette fille du Nouveau Monde a fait son chemin et a trouvé sa place dans les jardins, dans les cuisines et dans le cœur de tous les hommes, grands et petits.
Comment a-t-elle gagné cette reconnaissance ?
Pourquoi ce succès au-delà de toutes les frontières ?

Les tomates que nous cultivons et consommons aujourd'hui sont à l'image du monde moderne, une affaire planétaire. La tomate pousse partout parce que, en se liant à l'homme, elle a fait preuve d'une formidable capacité d'adaptation et déployé toute sa séduction.

Trop négligé ces dernières années par l'agroalimentaire, le goût revient en force. L'intérêt croissant porté aux légumes issus de la bio-diversité permettra-t-il dorénavant de concilier saveur, respect de l'environnement et logique économique ? Nous souhaitons montrer dans ce livre que la tomate, en bonne pionnière qu'elle a toujours été, est une candidate de choix dans cette rencontre.

La *tomate* dans tous ses *états*

Quelques éléments de *botanique*

La tomate est-elle un fruit ou un légume ?

La botanique, l'étude scientifique des végétaux, définit le fruit comme un stade de la vie reproductive des plantes. Le fruit contient les graines et se forme après la fécondation des parties femelles de la fleur. Chez la tomate, ce fruit est une baie, un fruit charnu, contenant généralement plusieurs graines ou pépins. Le mot « légume » n'a pas de définition botanique, bien que son origine se trouve dans le mot latin *legumen*, qui signifie « gousse contenant des graines ». Aujourd'hui, ce mot s'emploie d'une manière générique. Il est utilisé pour les plantes cultivées pour la cuisine. Les légumes s'associent avec des mets salés plutôt que sucrés, c'est le contraire pour les fruits. Mais il y a toujours des exceptions : la tomate en est une. On la mange aussi bien salée que sucrée, crue que cuite.

Qu'est-ce qu'une espèce botanique ?

La botanique classe les plantes pour mieux les décrire. Ce classement est basé sur une observation des éléments caractéristiques des différentes parties de la fleur (nombre de pétales, d'étamines, etc.), associés à d'autres traits homogènes. Ces éléments permettent de regrouper les plantes qui partagent de grandes similitudes de structure florale par genres. Ainsi, la tomate appartient au genre *Lycopersicon*.

Le genre est lui-même divisé en espèces, qui permettent des distinctions plus fines et portent sur d'autres parties de la plante, comme les feuilles ou la tige par exemple. Le genre *Lycopersicon* est formé de neuf espèces : *L. pennellii, L. chilense, L. peruvianum, L. parviflorum, L. chmielewskii, L. hirsutum, L. cheesmanii, L. pimpinellifolium, L. esculentum*. Le tableau des espèces du genre *Lycopersicon* (voir p. 12-13) fournit l'explication des différences pour ce genre. Tous les individus d'une même espèce se ressemblent et peuvent se reproduire entre eux. Le croisement entre espèces différentes est plus difficile, et il ne produit pas toujours des individus fertiles. Il existe une dizaine d'espèces de tomates, et le croisement interspécifique pour certaines espèces n'est possible qu'en ayant recours à des techniques *in vitro*.

Quelques cultivars dont la 'Feejee (Fiji) Island' (n°1) sur cette gravure du XIXᵉ siècle.

Pomme de terre, aubergine et tomate, une photo de famille.

Le nom du genre et le nom de l'espèce composent ensemble le nom de la plante, binôme formé de deux mots d'origines diverses, transcrits en latin.
S'y ajoutent, dans certains cas, des informations supplémentaires, appelées « sous-espèces », pour des plantes qui, pour des raisons géographiques ou climatiques, ne se rencontrent pas ensemble dans la nature. Si, en revanche, elles partagent un habitat naturel, elles sont appelées « variétés ».
Les variétés d'une même espèce présentent des différences morphologiques très faibles. *Lycopersicon esculentum* se rencontre sous deux formes : *L. esculentum* var. *esculentum* et *L. esculentum* var. *cerasiforme*. La différence se situe au niveau de la taille du fruit (voir ci-dessous). C'est *L. esculentum* var. *cerasiforme* qui est à l'origine de la plupart des formes cultivées. Le genre est inclus dans une catégorie supérieure, la famille. La tomate appartient à la famille des Solanacées. Le tabac, la pomme de terre, le poivron et le piment, venus comme la tomate du Nouveau Monde, et l'aubergine, originaire quant à elle de Chine, font aussi partie de cette famille.

La tomate en arbre, *Cyphomandra crassicaulis,* est aussi une Solanacée mais, comme son nom latin l'indique, elle n'appartient pas au genre de la tomate. Dans la famille de la tomate, quelques relations sont peu avouables : en fait, toutes les Solanacées sont plus ou moins vénéneuses… Cela n'est vrai en général que pour certaines parties de la plante, le feuillage par exemple ; c'est la cas de la tomate et de la pomme de terre. En revanche, les Solanacées que sont les daturas (*Brugmansia* et *Datura spp.*), la belladone (*Atropa belladonna*) et la jusquiame (*Hyoscyamus niger*) sont toxiques dans toutes leurs parties, et leur ingestion peut avoir des conséquences mortelles.

La tomate en arbre ou Cyphomandra crassicaulis.

Les espèces botaniques de tomates
9 espèces du genre *Lycopersicon*

→ Intérieur du fruit mûr rouge ; graines de 1,5 mm ou plus
- Diamètre du fruit supérieur à 1,5 cm ; bord des feuilles généralement denté
- Diamètre du fruit inférieur à 1,5 cm, habituellement 1 cm environ ;

→ Intérieur du fruit mûr jaune ou orange ; graines de 1 mm ou moins

→ Intérieur du fruit mûr vert ou blanchâtre ; graines de tailles variables
- Sympode avec trois feuilles
- Sympode avec deux feuilles
  - Inflorescences avec bractées réduites ou absentes
    - Fleurs petites
    - Fleurs grandes
  - Inflorescences avec grandes bractées

(D'après la clef établie par H. Laterrot et J. Philouze, *PHM Revue horticole* n° 295, mars 1989, en se basant en grande partie sur les travaux de C.M. Rick.)

Qu'est-ce qu'un cultivar ?

Les plantes que l'homme cultive, certaines depuis des milliers d'années, sont issues d'un processus de sélection qui vise à transmettre à beaucoup d'individus les qualités repérées sur un seul ou sur quelques individus. Pour les tomates comme pour les autres plantes comestibles, ces qualités sont la quantité de fruits produits, les qualités gustatives, la résistance aux maladies, etc.

En botanique, les formes modifiées par la sélection à partir de quelques individus dotés de ces qualités sont appelées des « cultivars ». Ce mot est souvent remplacé par le mot « variété » dans la pratique. On parlera aussi de « formes cultivées ».

L. hirsutum

L. peruvianum

L. peruvianum

L. cheesmanii

Toutes les tomates que nous mangeons aujourd'hui sont issues de ce mode de sélection. Des siècles d'observation ont abouti à la création de plus de 10 000 variétés de tomates de par le monde. Ce travail, commencé par les agriculteurs amérindiens, avant la découverte du Nouveau Monde, continue aujourd'hui dans des laboratoires certes, mais aussi et toujours dans les champs. Repérer les plantes qui présentent des traits inconnus jusqu'alors, comme une croissance plus compacte ou une plus grande résistance à une attaque de champignons, peut se faire sur le terrain, même si cette méthode reste plus aléatoire.

Fruit de 3 cm ou plus, à deux ou plusieurs loges	*L. esculentum* var. *esculentum*
Fruit de 1,5 à 2,5 cm, à deux loges	*L. esculentum* var. *cerasiforme*
bord des feuilles généralement ondulé ou entier	*L. pimpinellifolium*
	L. cheesmanii
	L. hirsutum
(corolle de 1,5 cm ou moins de diamètre) ; graines de 1,5 mm ou moins	*L. parviflorum*
(corolle de 2 cm ou plus de diamètre) ; graines de 1,5 mm ou plus	*L. chmielewskii*
Anthères soudées en tube ; déhiscence longitudinale latérale — Plantes dressées ; pédoncule de plus de 15 cm	*L. chilense*
Plantes étalées ; pédoncule de moins de 15 cm	*L. peruvianum*
Anthères libres ; déhiscence poricide	*L. pennellii* (ou *Solanum pennellii*)

Poma amoris fructu rubro - *Pied de tomate à fruits rouges. Gravure de Basilius Besler, Nuremberg, 1613.*

À quoi ressemble un pied de tomate ?

La tomate est une plante herbacée, de croissance rapide et très robuste, mais qui ne résiste pas au gel. Dans les régions où il ne gèle pas, elle est souvent vivace, pouvant produire des fruits pendant plusieurs saisons. Sous les climats froids, elle est cultivée en annuelle, car son cycle reproductif s'accomplit au cours d'une année. Les variétés cultivées, choisies pour leur capacité fructifère, s'épuisent vite, et leur durée de vie est souvent courte. C'est pour cela, et aussi parce que la culture hors gel en climat tempéré n'est pas facile à assurer pour l'amateur, que la tomate est cultivée en annuelle.

Chez la tomate, deux formes de croissance existent : une croissance indéterminée – c'est le cas de la plupart des cultivars disponibles – et une croissance déterminée.

• **La croissance indéterminée** produit sur la tige centrale, après l'apparition de six à onze feuilles au départ de la croissance, un nombre indéfini d'inflorescences à intervalles approximatifs de trois feuilles. À l'aisselle de chaque feuille, c'est-à-dire à l'angle formé par le pétiole de la feuille et la tige de la plante, peut apparaître une pousse latérale. Cette pousse, en se développant, réitère la croissance de la tige centrale. Apparaissent ainsi tout autour de la tige centrale, en spirale, de nouvelles tiges, chacune pouvant développer une nouvelle spirale. Cette croissance est en principe illimitée si aucun facteur extérieur, comme le gel, la maladie ou plus simplement la taille, ne vient l'interrompre. En culture, on supprime beaucoup (voire la totalité) de ces pousses latérales, car elles retardent l'apparition des inflorescences sur la tige centrale et diminuent leur nombre, et par conséquent la production de fruits.

Pied de tomate à croissance déterminée lors de la floraison.

• **La croissance déterminée,** due à une mutation génétique spontanée (appelée en anglais *self pruning factor,* en français, le « gène sp »), limite le développement de la plante. Après la formation de six à onze feuilles apparaissent les premières fleurs, mais leur nombre se limite à deux ou trois par tige, les pousses latérales se terminant par une inflorescence tout comme la tige centrale. Les plantes sont de port buissonnant, et la floraison se produit sur une courte période, de l'ordre d'une quinzaine de jours. La croissance compacte, souvent associée à la croissance déterminée, donne des plantes de développement très réduit.

Un palissage solide est nécessaire pour une croissance indéterminée et vigoureuse.

Le port rampant, grimpant, des variétés à croissance indéterminée impose un tuteurage solide. Un pied de tomate peut dépasser les deux mètres à maturité pour certaines variétés. Le système racinaire est extrêmement développé et s'enfonce profondément dans la terre. Dans un sol riche en humus et bien drainé, les racines peuvent pénétrer à une profondeur de plus de trois mètres.

Les feuilles de la tomate sont divisées et plus ou moins dentées sur leur pourtour. Elles sont de couleur vert foncé et recouvertes de poils un peu collants. Toute la partie aérienne de la plante est très odorante, à l'exception des fruits. C'est le pédoncule (la tige qui porte la fleur et ensuite le fruit) qui dégage ce parfum si caractéristique de la tomate, et non le fruit lui-même.

Les fleurs, toujours en grappes, appelées « inflorescences », sont toujours jaunes. La fécondation est autogame, c'est-à-dire que la fleur est fécondée par son propre pollen, et le jardinier amateur peut donc recueillir les graines de ses plantes (à l'exception des hybrides type F1) d'année en année sans craindre l'arrivée d'hybrides non désirés parmi les plantes issues de graines récoltées.

Les fruits, le plus souvent rouges, peuvent être orange, jaunes, blancs, noirs, verts ou striés, et ils adoptent des formes et des tailles très variées. Le guide des variétés (voir p. 60 à 94) permet d'apprécier leur très grande diversité.

Inflorescence de tomate en très gros plan. Dans la réalité, le diamètre de la corolle de la fleur mesure environ 1,5 cm.

C'est aussi le feuillage qui dégage le parfum si caractéristique de la tomate.

Le *tour du monde* de la tomate

POMI D'ORO

da Castore Durante
in "Herbario nuovo" 1585

La tomate n'a d'histoire documentée que les quelques bribes laissées par les chroniqueurs et les historiens de l'empire d'Espagne, puis celle façonnée par les botanistes et les voyageurs européens. La « vie précolombienne » de la tomate est quasiment inconnue.

Des travaux archéologiques récents ont montré des traces de domestication de *Lycopersicon* dans les zones côtières du Pérou, lieu d'origine de plusieurs espèces botaniques. C'est donc dans le nord-ouest de la cordillère des Andes qu'a commencé cette longue complicité avec l'homme, qui a amené la tomate dans les plaines méso-américaines bien avant la conquête espagnole.

Des origines sud-américaines

Le mot « tomate » est dérivé d'un mot de la langue parlée par les Aztèques, le nahuatl. Ce mot, *tomatl*, désignait aussi bien le fruit de *Lycopersicon*, domestiqué à partir de l'espèce *L. esculentum* var. *cerasiforme*, que divers *Physalis*, également de la famille des Solanacées, appelés en français « amour-en-cage », aux fruits orangés caractéristiques. À l'époque de la conquête espagnole, les Aztèques dominaient la région de l'Amérique centrale qui est aujourd'hui le Mexique. La tomate était cultivée uniquement dans la région de Vera Cruz, une plaine au climat tropical sec située sur la côte atlantique. C'est justement là qu'accostèrent les bateaux espagnols venus chercher l'or et les âmes du Nouveau Monde. Le médecin espagnol Hernandez, dans sa chronique sur la Nouvelle-Espagne au XVIe siècle (1), décrit un plat de tomates mélangées avec du piment et servi en sauce. Est-ce l'ancêtre de la *salsa*, un classique de la cuisine mexicaine ?

Vendeurs de tomates sur le marché de Cuzco au Pérou, berceau de plusieurs espèces botaniques.

Avec la conquête du Mexique, en 1519, commence une nouvelle ère pour la tomate. Les marins basques, présents sur les bateaux qui naviguent entre les « Indes occidentales » et l'Europe, les corsaires de tous bords qui investissent les criques et les îles entre la côte mexicaine et la mer des Sargasses, les équipages espagnols au service des conquistadores et les aventuriers attirés par les richesses minières de la Nouvelle-Espagne, sont autant d'occasions pour la tomate de traverser l'Atlantique : sur le chemin du retour, quelques graines dans une poche ne prennent jamais trop de place, et elles ouvrent à la tomate les portes l'Ancien Monde.

Un mauvais départ

La tomate fait son entrée officielle dans la botanique européenne en 1544. Dans un ouvrage qui sera réimprimé quatre fois au cours du XVIe siècle (2), Petrus Matthiolus, pharmacien et botaniste italien, décrit des fruits « *aplatis [...] segmentés, verts d'abord, et devenant dorés une fois mûrs* ». Il indique que ces fruits se mangent « *sautés dans l'huile, avec du sel et du poivre comme des champignons* ». Dans l'édition suivante (1554), il donne à la tomate le nom italien de *pomi d'oro,* ainsi qu'une traduction latine, *mala aurea,* et indique qu'il a eu connaissance d'une variété rouge. Donc, dès la première moitié du XVIe siècle, la tomate est reconnue comme étant comestible dans la littérature scientifique, et mention est faite d'au moins deux variétés, une jaune – peut-être à l'origine de son nom vernaculaire de « pomme d'or » – et une rouge.

Matthiolus, en décrivant pour la première fois la tomate en Europe, la classe comme une mandragore. Bien que justifié du point de vue de la botanique, ce classement sera néfaste à la tomate. Plante toxique, la mandragore, membre elle aussi de la famille des Solanacées, jouissait d'une fâcheuse renommée, comme toutes les plantes de cette famille à l'époque. Elle avait la réputation de pousser au pied des gibets, et était utilisée dans la préparation de philtres d'amour et d'onguents associés à la sorcellerie. Matthiolus ne condamne pas pour autant la tomate ; il prend même soin de faire savoir qu'elle est comestible, mais les ouvrages savants qui vont suivre, surtout à partir du début du XVIIe siècle, déplorent cette parenté.

Un « couple » de mandragores, une allégorie de l'amour. Hortus samiatis, *1491. Bibliothèque municipale de Dijon.*

La pharmacopée de la Renaissance connaissait les propriétés toxiques des Solanacées du Vieux Continent, comme la belladone et la jusquiame, qui étaient utilisées à des fins médicinales depuis des siècles, mais leurs effets redoutables – et parfois mortels – condamnaient toute utilisation alimentaire. C'est ainsi que commence pour la tomate une longue « quarantaine botanique ». Elle traîne sa parentèle toxique dans tous les ouvrages savants publiés au cours des deux siècles suivants, à quelques exceptions près. La tomate soigne éventuellement, mais se mange avec la plus grande méfiance.

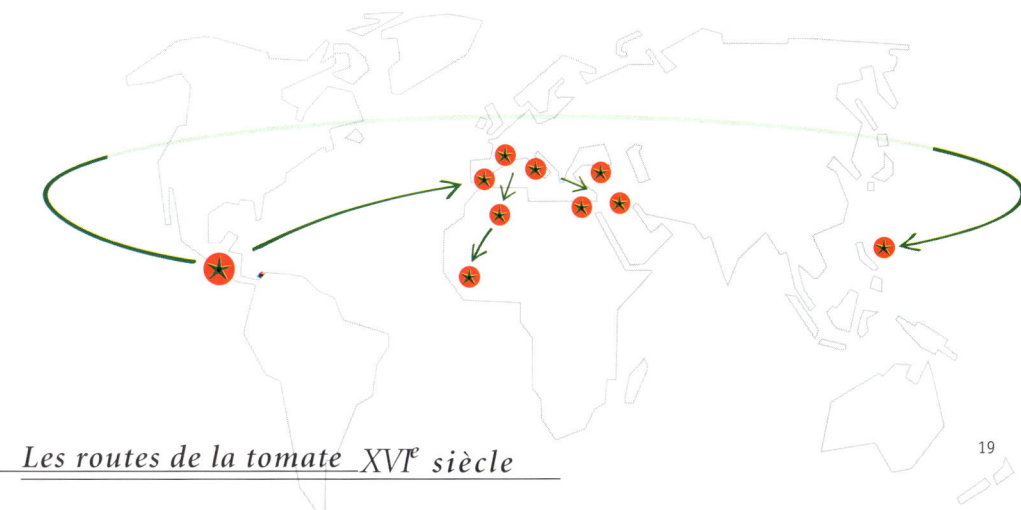

Les routes de la tomate XVIe siècle

Poma amoris, pomme d'amour

Sa réputation de fruit impropre à la consommation perdure – bien que les témoignages attestent son utilisation culinaire, surtout en Italie –, alors que sa présence dans les jardins ne cesse de progresser, paradoxe que les érudits s'efforcent d'expliquer tant bien que mal. La tomate acquiert au fil des publications le pouvoir d'inspirer l'amour, autre conséquence de sa proximité botanique avec l'aphrodisiaque mandragore. Pomme d'amour, *Liebsappfel, poma amoris* et *love apple* sont les noms vernaculaires de la tomate en Europe au cours des XVIe et XVIIe siècles.

Tomates menées en haie basse, utilisées aussi pour leur aspect ornemental.

L'agronome Olivier de Serres (1619), pourtant si soucieux de faire connaître à un large public des plantes prometteuses pour l'agriculture, ne conseille l'utilisation de la tomate, qu'il appelle la « pomme d'amour », qu'en tant que plante ornementale, pour recouvrir des tonnelles ou des « cabinets » (ces « chambres de verdure » sont le lieu par excellence des échanges amoureux, et ce depuis le Moyen Âge). Il connaît la nature gélive de la plante, donne des conseils de culture et admire ses fruits, « *plaisants à manier et flairer* », mais ajoute qu'ils « *ne sont bons à manger : seulement sont-ils utiles en la médecine* ». La valeur ornementale de la tomate est souvent évoquée dans les livres de botanique, au XVIIe comme au XVIIIe siècle. Dans un ouvrage allemand, *Le Nouvel Herbier complet,* publié en 1591 et qui fit longtemps autorité (3), le botaniste Tabernaemontanus donne la tomate comme « *répandue dans les jardins* » mais déconseille sa consommation, réservant son utilisation à des fins médicinales en application externe.

Un enracinement méditerranéen

Mais, dès le début du XVIe siècle, loin du monde savant, la tomate prend sa place dans les jardins du sud de l'Europe, où elle est cultivée pour sa contribution à l'économie domestique. Les marins, corsaires et autres flibustiers s'en retournent chez eux, en Espagne, en Italie, dans tous les ports de la Méditerranée, de Gibraltar à Alexandrie, emmenant avec eux les graines des plantes qu'ils ont connues à l'autre bout du monde. Ils savent que la tomate est comestible car ils l'ont observée dans les plats aztèques, et ils y ont sans doute goûté, comme ils ont dû connaître la goût du maïs ou celui de la pomme de terre bien avant leur introduction en Europe. La cuisine basque, qui associe aussi étroitement tomates et piments que son homologue mexicaine – tout comme beaucoup de cuisines méditerranéennes – en témoigne encore aujourd'hui.

Les bases de la cuisine méditerranéenne.

Pablo Picasso, Plant de tomate, *1944. Collection particulière.*

Dans les petits jardins autour des maisons, qui échappent à l'impôt, la tomate reçoit des soins attentionnés. Là sont multipliées les nouvelles plantes ramenées d'Amérique ; dans ces régions au climat propice, elles connaissent un rapide succès local. Emmanuel Le Roy Ladurie écrit : « *La tomate s'acclimate en Languedoc à partir de 1590, vers 1780 elle y est déjà l'un des fruits typiques de la cuisine méditerranéenne* (4). »

Au début du XVIIe siècle, la tomate est cultivée dans tout le bassin méditerranéen, en Turquie et en Iran, en Syrie, en Égypte, en Arabie et en Afrique du Nord – le nom en arabe est *tomat*, comme en Afrique de l'Ouest. Le long des chemins des caravanes, la tomate se cultive et se naturalise. Elle s'installe dans tout le Vieux Monde et, à la fin du XVIIIe siècle, elle a suivi les routes commerciales et militaires et pousse jusque dans les champs et les jardins de Cochinchine.

À la conquête de l'Europe du Nord

En 1731, le botaniste Philip Miller (5) donne à la tomate son nom latin définitif : *Lycopersicon*. Formé de deux mots, *lukoi* (mot grec signifiant « loup ») et *persicum* (« pêche » en latin), ce nom de genre traduit toute l'ambivalence qui entoure la tomate à l'époque. Mais il lui donne aussi le nom d'espèce *esculentum*, qui signifie « comestible » en latin : la tomate quitte enfin officiellement son purgatoire de plante toxique impropre à la consommation.

Planche botanique de plantes condimentaires parue en 1870 dans Le Règne végétal.

Mais, dans l'Europe du Nord, la méfiance persiste encore pendant quelque temps. Les savants de l'époque reconnaissent, dans leurs traités de botanique, l'utilisation culinaire en plein essor de la tomate, mais ils la trouvent « peu nourrissante ». Dans le *Dictionnaire raisonné universel des plantes, arbres et arbustes de la France* (6), P.G. Buc'Hoz (1770) cite encore « *Pomme d'amour [...] ses fruits sont considérés comme toxiques et narcotiques ; ils sont peu utilisés, on cultive les plantes pour la beauté de leurs baies* ». Pourtant, la tomate n'est plus réservée aux seules cuisines méridionales. En 1796, un auteur allemand constate son emploi dans les sauces et dans les jus en accompagnement des viandes en Bohème, tout en remarquant que les fruits sont considérés comme toxiques.

La tomate est aussi préparée souvent *ad acetaria,* c'est-à-dire avec de l'huile et du vinaigre, en salade ; en Angleterre et en Allemagne, où on apprécie son acidité, elle est utilisée comme condiment. C'est un nécessaire ajout aux viandes, souvent fortes faute de méthodes de conservation efficaces. Cuite dans de l'eau, elle remplace le verjus du Moyen Âge dans la cuisine. On l'apprécie également en potage. Dès 1752, Philip Miller fait état d'une utilisation généralisée de la tomate en soupe chez les Anglais, tout en précisant que certains ne la trouvent pas saine comme nourriture.

Une reconnaissance gastronomique

En 1750, le chef des cuisines d'une maison princière à Paris fait paraître un livre (7) qui contient quatre pages de recettes utilisant la tomate. Si elle a déjà acquis ses lettres de noblesse, la tomate ne devient pas pour autant une habituée des tables bourgeoises en France. Il faut attendre 1778 pour qu'elle quitte la catégorie des plantes ornementales pour rejoindre celle des plantes potagères dans le catalogue de graines de Vilmorin-Andrieux. Diderot, dans son *Encyclopédie* (1780), la donne comme préparée en bouillon ou en sauce dans « *divers ragoûts* », et rappelle que manger des tomates n'a jamais produit « *de mauvais effets* ». *Le Bon Jardinier* de 1783 la donne comme plante potagère avec quelques indications de culture, et mentionne qu'elle servirait à faire des sauces. Brillat-Savarin (1755-1826) s'en tient aussi à cette préparation de la tomate.

Au début de la Révolution française, le *Dictionnaire de l'agriculture* préconise de cuire le jus de la tomate avec du sel et du vinaigre, ce qui permet d'en faire provision pour l'hiver : c'est l'ancêtre du ketchup. Le même ouvrage conseille de préparer la tomate en salade, assaisonnée d'huile et de vinaigre, et rappelle son succès en Italie, en Espagne, en Provence et dans le Languedoc.

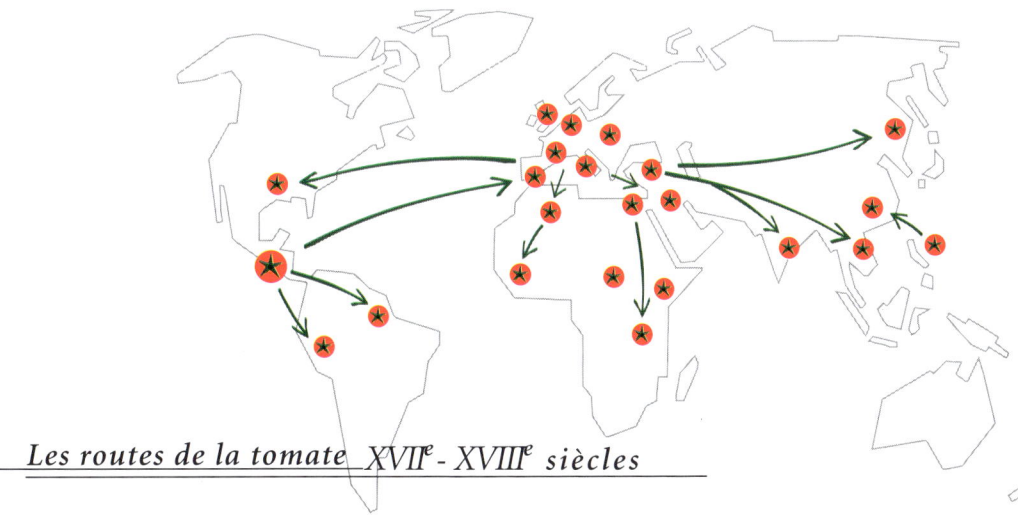

Les routes de la tomate XVIIe - XVIIIe siècles

L'arrivée des Marseillais à Paris pour la fête de la Fédération (1790) serait à l'origine de l'engouement pour la tomate au nord de la Loire. Ils auraient réclamé des plats à la tomate aux aubergistes de la capitale, et ainsi donné, dans la chaleur patriotique, le coup d'envoi de sa culture maraîchère autour de Paris. Une jolie anecdote, mais la tomate n'a pas attendu les élans révolutionnaires pour s'établir dans le nord de la France. Sa culture par les maraîchers, en réponse à une demande croissante, commence peut-être en revanche à cette époque.

Au cours du XIXe siècle, l'utilisation culinaire de la tomate se généralise dans toute l'Europe. Elle règne dorénavant sur les étals des marchands de primeurs et devient, préparée crue ou cuite, une habituée des assiettes ; elle perd enfin toutes ses connotations négatives dans la littérature savante. La presse horticole, prolifique au cours de ce siècle, multiplie les conseils de culture et d'utilisation. Alexandre Dumas (1802-1870), dans son *Grand Dictionnaire de cuisine,* rappelle le succès de la tomate auprès « *des peuples méridionaux* » et donne une recette de sauce de tomate.

En 1826, *The Gardener's Magazine,* une publication anglaise, donne sept recettes provenant des cuisines du comte d'Essex. Elles sont l'œuvre d'un chef français, autrefois au service du comte. La tomate s'associe enfin au meilleur des savoir-vivre : le savoir-vivre français aristocratique. Elle n'est plus uniquement un plat pour le Mezzogiorno. Ce n'est toutefois qu'à la fin du siècle qu'elle sera consommée crue dans les pays scandinaves.

Le mot **« ketchup »** vient d'un mot d'origine sino-malais *kôe-tchiap,* ou *kêchap,* devenu en anglais *katsup* ou *ketchup.* Les livres de cuisine anglais donnent des recettes de ketchup dès le début du XIXe siècle. Ce condiment asiatique, à base de sauce de poisson fermenté et de champignons -et dont Brillat-Savarin connaissait tout l'intérêt **(8)**-, a donné son nom à un mélange de vinaigre, de sucre et de tomates, auquel on ajoute des épices et où tout le parfum des ingrédients se révèle à la cuisson. L'ajout du vinaigre provient de la cuisine de l'Europe du Nord : le vinaigre y est utilisé pour préserver les légumes, appelés alors *pickles* en anglais et *Gewurzgurke* en allemand.

Sa dissémination dans le monde

Juste avant la Première Guerre mondiale, la tomate commence à être cultivée à grande échelle. Le développement du réseau ferroviaire entraîne une spécialisation régionale de sa culture. La tomate n'est plus uniquement un plaisir de l'été, elle est présente dorénavant en cuisine toute l'année. Le sud de l'Europe, l'Algérie, les îles Canaries deviennent des centres de production en « primeur » pour toute l'Europe.

Au sud de la Russie, la tomate est cultivée par champs entiers. Introduite en Inde et en Extrême-Orient par les jésuites et les colons portugais et espagnols au XVIe siècle, puis par les Anglais à partir du XIXe siècle, la tomate s'est parfaitement intégrée aux cuisines orientales. Les Chinois en ont eu connaissance très tôt, et le premier contact les a apparemment peu enthousiasmés : voici le témoignage d'un lettré chinois, Chao Xian, dans un texte datant de 1617 : « *Le kaki rouge d'Occident* [xihongshi] *qui est arrivé de l'Ouest [...]. Il rampe, ayant quatre ou cinq pieds de long. Son fruit est semblable à un kaki mais immangeable. Tiges et feuilles puent si fort qu'il est impossible de rester à proximité.* **(9)** » Néanmoins, cette répugnance a été surmontée, et la tomate est aujourd'hui un ingrédient traditionnel de la cuisine chinoise.

Émile Gallé, Soufflé aux tomates, vase piriforme en verrre soufflé-moulé, XXe siècle. Coll. particulière.

La tomate trouve très tôt sa place dans les potagers du sud de ce qui allait devenir les États-Unis. Au tout début du XVIIIe siècle, un botaniste anglais la voit pousser en Caroline. Vers le milieu de ce même siècle, un autre Anglais, en voyage dans cette région, décrit des plants de tomate cultivés parmi des potirons et des pois. Un peu plus tard, des immigrants français réclament des graines de tomate aux marchands grainetiers de Philadelphie. La tomate a donc gagné le nord du territoire. Plusieurs références font état du rôle des colons français dans sa dissémination sur le territoire américain. Thomas Jefferson la remarque dans des jardins en Virginie dès 1782, et l'accueille sur sa table au début du siècle suivant. Le XIXe siècle voit le progrès rapide de la tomate dans les cultures légumières partout aux États-Unis, et une recette de ketchup paraît en 1823, publiée dans *American Farmer*. Le succès de cette sauce outre-Atlantique ne se démentira pas mais, aujourd'hui, son ascendant est menacé par la sauce *salsa*. Cette sauce, un mélange de tomates, d'oignons, de piments jalapeno, de sel et d'épices est typique de la cuisine mexicaine, dite « tex-mex ».

C'est la victoire des origines pour la tomate, qui achève ainsi son tour du monde culinaire. Elle boucle aussi son tour du monde horticole en 1862, avec l'introduction aux États-Unis d'une variété appelée *'Fidji Island'* (voir illustration p. 11), venue du Pacifique Sud. Au cours du XXe siècle, la tomate devient le premier légume consommé dans le monde. Son succès international doit beaucoup à la réussite qu'elle connaît lorsqu'elle retourne dans son continent d'origine. Les États-Unis sont aujourd'hui le premier producteur mondial de tomates : 75 millions de tonnes de tomates y ont été récoltées en 1996.

Marché en Birmanie.

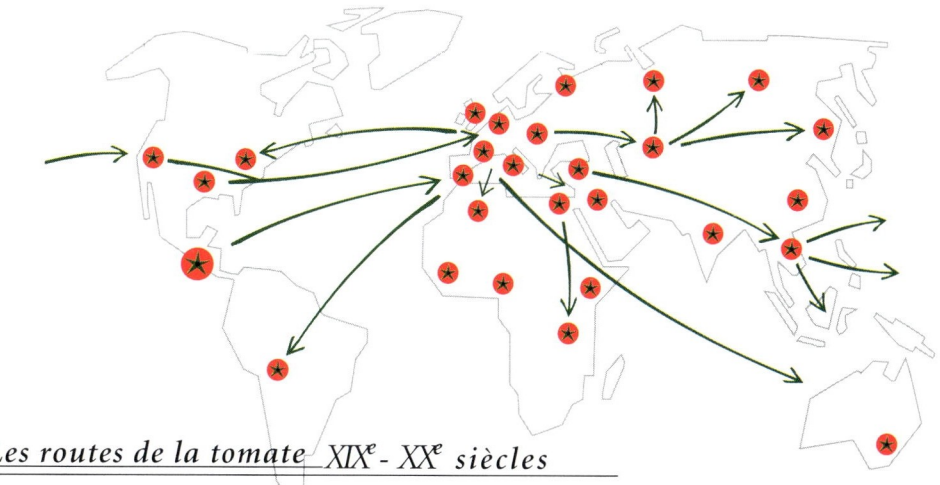

Les routes de la tomate XIXe - XXe siècles

« *Futuroscopie* » de la tomate

La tomate est une plante « en mouvement » depuis des siècles. Elle est comme ces plantes adventices (les botanistes, en décrivant la tomate, insistent sur sa physionomie de mauvaise herbe) qui se lient aux hommes. Elle n'est pas envahissante comme beaucoup de mauvaises herbes et ne résiste pas aux basses températures, mais, dans un coin un peu délaissé et abrité du jardin, elle se ressème volontiers d'année en année. Elle investit les champs et se glisse dans l'imaginaire des hommes, c'est une plante de culture, au sens même de civilisation.

Elle a suivit fidèlement l'homme dans sa conquête de territoires. Son épanouissement mondial au XIXᵉ siècle correspond d'ailleurs à l'apogée de l'ère coloniale. Conquêtes, communications, puis science et sélection ont rendu possible cette expansion. Une image en somme très triomphante. Mais la tomate sait se faire discrète, et les hommes qui souhaitent retrouver une échelle plus modeste dans leur relation avec le monde peuvent compter sur elle pour les accompagner sur ces nouveaux chemins de la simplicité.

La production mondiale, échanges et transformations

Tomates de plein champ avec un paillage plastique.

Jusqu'au XIXᵉ siècle, les variétés développées dans le monde sont le fruit de sélections obtenues par des jardiniers et des maraîchers, souvent au gré du hasard. Au XXᵉ siècle, les États de Californie et de Floride, ainsi que d'autres États du sud des États-Unis, deviennent des centres de production et de recherche majeurs sur la culture de la tomate, utilisant des méthodes industrielles associées à un savoir scientifique issu de la recherche génétique, encore à ses débuts. Dans les années 60, l'horticulture hollandaise prend le relais, son but étant d'améliorer les rendements. Au cours des quarante dernières années, les rendements par hectare ont augmenté d'une manière spectaculaire et, chaque année, des douzaines de nouvelles variétés sont introduites à travers le monde. Aujourd'hui, la tomate est le premier légume consommé dans le monde (84,8 millions de tonnes en 1996, source FAO), et c'est le premier légume consommé en France.

Actuellement, le travail de sélection porte sur l'augmentation de la part de matière sèche et l'aptitude à la récolte mécanisée pour les tomates destinées à la conserve industrielle. Pour la consommation au détail, c'est l'obtention de fruits qui, tout en étant conformes aux exigences de la grande distribution (résistance aux chocs et longue conservation), possèdent aussi des qualités organoleptiques et une plus grande diversité de formes est recherchée.

Andy Warhol, Campbell's Soup Can (1), *1965. New York, collection Ileana et Michael Sonnabend.*

La tomate F1, un hybride moderne.

Sélection génétique et transfert de gènes

Une fructification plus importante, une plus grande résistance à la maladie et aux températures extrêmes sont quelques-uns des caractères que la sélection cherche à reproduire.
Elle se fait depuis la nuit des temps d'une manière empirique et, depuis les découvertes de Mendel – le moine jardinier –, à la fin du siècle dernier, de manière scientifique.

> La sélection génétique scientifique classique utilise deux approches : la première consiste à choisir deux individus de sexes différents présentant le caractère que l'on cherche à développer et qui, par croisement, donneront une descendance ayant de fortes chances de concentrer ce trait, c'est l'hybridation ; la seconde laisse s'exprimer librement le patrimoine génétique des individus afin de repérer des traits nouveaux issus de l'hybridation ou d'une mutation spontanée. Mais ni l'une ni l'autre méthode ne peuvent donner la précision et la fiabilité du transfert génétique, qui introduit un gène spécifique dans le patrimoine génétique de l'individu grâce à la biotechnologie. Ce gène peut être propre à l'espèce ou, dans le cas des transgenèses, provenir de n'importe quel autre organisme vivant. L'arrivée massive de plantes transgéniques dans les champs – et donc dans les assiettes – depuis le milieu des années 80 est aujourd'hui très contestée en Europe.

Si les effets à court terme peuvent être intéressants (par exemple, meilleure résistance aux maladies), ceux à long terme sur l'équilibre écologique et la santé publique sont inconnus, car il est impossible de les évaluer dans le cadre des protocoles existants. La position de quasi monopole des compagnies qui créent et vendent ces organismes génétiquement modifiés (OGM), l'imbrication du monde des affaires et de la politique dans les choix financiers qui organisent la recherche scientifique, et l'opacité qui entoure les autorisations de mises sur le marché de ces produits interdisent tout débat informé sur les risques encourus. Par ailleurs, rappelons que ces OGM ne sont nullement la panacée aux problèmes de la faim dans le monde : les semences transgéniques sont vendues très chers, et leurs brevets sont détenus par une poignée de laboratoires dans les pays industrialisés, bien conscients de l'enjeu financier qu'ils représentent.

> En 1994, la tomate a été le premier légume transgénique proposé à la vente au détail aux États-Unis. Mais la tomate « *longue conservation* » demandée par les circuits de distribution et créée grâce au transfert de gène a donné de piètres résultats gustatifs, et la tomate transgénique a très vite quitté les surfaces de vente. En 1999, la firme américaine Monsanto, premier fabricant mondial de plantes transgéniques, lance la tomate antivirus.

La 'Marglobe', une tomate sans pépins qui a connu une grande vogue aux États-Unis dans les années 1950.

Espèces botaniques – réservoirs génétiques, banques de semences

Pourtant, l'excellente connaissance des possibilités de sélection génétique chez la tomate permet de pallier beaucoup de tares de culture sans avoir recours à un apport de matériau génétique issu de gènes étrangers au patrimoine génétique du genre *Lycopersicon*.

Le réservoir génétique que constitue les espèces botaniques de *Lycopersicon* offre les moyens de combattre les faiblesses des cultivars de *L. esculentum* qui, malgré leur très grande variété d'aspects, présentent un patrimoine génétique très peu différencié. Les banques de semences détiennent, sous la forme de graines mises à l'abri dans des conditions optimales de conservation, toute la richesse du patrimoine génétique végétal. C'est ici que reposent, dans l'ADN de la graine, les informations génétiques et les solutions qui permettent de faire face aux prédateurs et aux aléas climatiques, et de développer des stratégies de conquête écologique. Pour la tomate, comme pour toutes les plantes et tous les organismes vivants, la richesse génétique est la garantie de la survie de l'espèce.

Des vertus médicinales et nutritionnelles

Les vertus médicinales de la tomate sont connues depuis longtemps : dès le XVIIIe siècle, la tomate est utilisée pour soigner des éruptions cutanées et les infections oculaires. Aujourd'hui, les bienfaits de la tomate dérivent de sa consommation. Elle contient des enzymes – c'est-à-dire des assemblages de protéines qui déclenchent ou favorisent une réaction biochimique – se révélant efficaces dans la prévention du cancer. L'enzyme le plus intéressant chez la tomate est un antioxydant, le lycopène. Une étude faite en Italie (1994) a montré que consommer des tomates plus de sept fois par semaine réduit de 60 % le risque de développer des cancers du système digestif.

*Coupe d'une tomate 'Ananas'
(la chair de cette tomate
rappelant ce fruit).*

Aux États-Unis, l'université de Harvard a conduit une étude (10) sur six ans, publiée en 1995, qui a montré une association entre la consommation de tomates – y compris via la sauce tomate et les pizzas – et la diminution du risque de développer un cancer de la prostate chez des hommes âgés de 40 à 70 ans. S'il reste difficile de faire le lien entre le risque pour un individu de développer un cancer et tel ou tel facteur, on sait toutefois que les habitudes alimentaires jouent un rôle important dans l'apparition de la maladie en général. La tomate figure en bonne place parmi les aliments entrant dans la composition du « régime méditerranéen » (riche par ailleurs en céréales, en légumes et en poisson, et pauvre en graisses), qui reçoit toutes les faveurs du corps médical pour la prévention des maladies cardio-vasculaires et du cancer.

La valeur nutritionnelle de la tomate répond exactement aux attentes actuelles du public en matière de diététique. Elle est faiblement énergétique (15 kilocalories pour 100 grammes), très riche en minéraux et en oligoéléments, et facilement digérée – à l'exception peut-être de la peau, des graines et de l'enveloppe gélatineuse qui entoure ces dernières. Toutes les vitamines solubles dans l'eau sont bien représentées, notamment la vitamine C, dont le taux varie le plus souvent entre 10 et 20 milligrammes pour 100 grammes (60 mg par jour sont conseillés).

Son goût à la fois doux et acidulé, sa peau lisse, sa chair moelleuse et l'odeur caractéristique qui se dégage de sa tige, sont autant d'atouts gourmands pour la tomate, très appréciée des enfants.

Les atouts gourmands de la tomate

Le récent engouement pour les tomates vendues en grappes – passées en trois ans (1993-1997) de 0 % à 25 % des productions françaises et belges de tomates sous serre (40 % aux Pays-Bas) – est une indication exemplaire de la place gourmande qu'occupe la tomate dans les habitudes alimentaires. Pour les consommateurs urbains, ces grappes sont le rappel immédiat de l'univers du potager. Elles suscitent une nostalgie du passé, un sentiment de richesse retrouvée dans cette présentation « traditionnelle ».

À la tomate vendue en grappes s'ajoutent d'autres « produits-tomates », tomates allongées, tomates cerises, etc., qui contrastent avec les formes calibrées et standardisées de la production industrielle, et redynamisent une consommation quelque peu anesthésiée. Leur présentation en vrac et le parfum qui s'en dégage (grâce au maintien de la tige florale) sont indispensables à la vente. Cette diversification des variétés dans la production à grande échelle est peut-être le reflet d'un mouvement plus large, encore à l'état embryonnaire, de changements dans la perception et les attentes du consommateur. Regarder les différentes formes, les toucher, les sentir font partie du plaisir qu'offre la tomate. Son goût à la fois doux et acidulé, sa peau lisse, sa chair moelleuse, fondante et juteuse, sa facilité de préparation, la diversité culinaire qu'elle permet et l'empressement que montrent les enfants pour la tomate sous toutes ses formes sont autant d'atouts gourmands.

La tomate est facile à cultiver

Elle s'adapte à une grande diversité de climats, supportant aussi bien les conditions équatoriales que celles qui règnent en été aux confins du cercle polaire. Elle pousse dans tous les types de sol – acceptant des pH qui varient entre 5,5 et 7,5 – à condition qu'on lui assure un minimum d'entretien.
Les tomates, comme toutes les plantes, prospèrent sous un regard attentif. Un feuillage terne, une certaine lenteur dans leur réaction aux soins (arrosage, paillage, tuteurage) sont des indications de détresse, qui se manifestent bien avant les premiers symptômes de maladie. Déceler rapidement les signes de souffrance chez la plante et prendre les mesures adéquates permettent de freiner, et souvent d'éviter, l'apparition de maladies.

Un choix avisé parmi les centaines de variétés disponibles, un bon paillage du sol autour du pied, des arrosages bien dosés et un entretien suivi pour tailler et attacher vos plantes vous apporteront des récoltes abondantes et goûteuses.
Jardiner est l'un des meilleurs moyens pour atteindre cet état tant recherché : le bien-être. Cultiver vos tomates vous mettra rapidement sur la voie...

La culture *en pleine terre*

Le drainage

La tomate a dû s'adapter à des conditions semi-désertiques dans ses terres d'origine, ce qui explique son enracinement vigoureux et développé, qui lui permet d'atteindre l'eau en profondeur. Pour la cultiver sans problème, il faut lui offrir une terre dans laquelle l'eau circule facilement, c'est-à-dire une terre bien drainée. Une terre bien drainée est une terre bien structurée. C'est une terre dans laquelle l'eau, l'air et les éléments nutritifs (les sels minéraux et les substances fournies par les échanges microrhizaux) circulent sans encombre, et dans laquelle les micro-organismes, les vers de terre et les insectes du sol (les bons, bien sûr) pullulent.

Que faut-il faire pour améliorer le drainage ?

Améliorer le drainage est un travail de très longue haleine, qui ne donne des résultats satisfaisants qu'au bout de quelques années. Il faut incorporer des matières organiques (un compost de déchets ménagers, de l'herbe coupée décomposée mélangée à un terreau de feuilles compostées, des matières humifères décomposées, comme le fumier, les déchets de légumes à la récolte et les tailles vertes d'arbustes et d'arbres), en y ajoutant éventuellement, pour les terrains très argileux, des gravillons – attention, pas de sable ! –, mais toujours accompagnés d'un apport de matières organiques. Tous ces éléments peuvent être épandus en surface, les vers de terre faisant le reste…

En attendant que ces mesures fassent leur effet (c'est long, mais toujours efficace), une culture en sac de terreau reste le meilleur moyen d'élever quelques pieds, à condition de prendre soin de choisir des variétés adaptées pour une culture hors sol *('Broad Ripple', 'Délice d'Or', 'Taxi Yellow', 'Grushovka', 'Uribanky', etc.)*.

La température

La tomate apprécie des températures constantes. Les températures en période de croissance peuvent varier entre 5 et 40 °C, mais ces extrêmes lui sont nuisibles. La tomate ne supporte ni le gel ni même une exposition prolongée aux basses températures. Un développement sain et fructifère se situe entre 10 °C la nuit et 25 °C le jour. En deçà, les plantes poussent avec difficulté, et, au-dessus, leur fonctionnement reproductif en souffre. La production de pollen et la mise à fruits sont touchées, et les récoltes de tomates s'en ressentent.
Les inconvénients qu'entraînent les basses températures nocturnes peuvent être atténués par le choix d'emplacements abritant les pieds de tomate pendant la nuit, une précaution qui s'impose dans les régions qui n'échappent pas aux gelées au début et à la fin de l'été.
En période de canicule, un bon espacement permet d'éviter une forte chaleur autour des plantes en favorisant une meilleure circulation de l'air.

Pour se protéger des excès du soleil, les feuilles de tomate réduisent leur surface d'exposition en se recourbant.

La lumière

La tomate, en souvenir de ses origines tropicales, demande beaucoup de lumière pour fructifier correctement. Les expositions ensoleillées et chaudes lui sont nécessaires pour bien pousser et rester en bonne santé, six heures de soleil par jour étant une moyenne pour assurer une bonne récolte. Dans les climats tempérés chauds, une situation à mi-ombre est tout à fait suffisante (mais pas à l'ombre des arbres). Un mur pas trop haut et de couleur claire peut non seulement abriter la plante par temps de pluie, réfléchir au cours de la nuit la chaleur accumulée pendant la journée, mais aussi réverbérer la lumière (attention, les murs blancs réverbèrent trop fortement la lumière et sont à réserver aux pays d'Europe du Nord).

Quelques variétés de tomates offrent des capacités accrues pour résister au manque de lumière, et sont donc à préférer dans des conditions d'ensoleillement médiocre (par exemple, 'Early Cherry', 'Kotlas' ['Sprint'], 'Stupice', 'Coldset' et, plus généralement, les variétés précoces).

La circulation de l'air

Les tomates apprécient un air plutôt sec et chaud. Par temps frais et humide, les plantes sont davantage vulnérables aux maladies. La prévention se révélant beaucoup plus efficace et nettement moins aléatoire que les traitements, il est particulièrement important d'assurer une bonne circulation de l'air autour de la plante.
Ne plantez pas trop serré : prévoyez un espacement généreux entre les plantes au moment de la plantation, car déplanter un pied de tomate compromet d'une manière définitive son développement ultérieur. Un écart de deux mètres entre chaque pied est un minimum pour favoriser le brassage de l'air et éviter que la transpiration foliaire ne sature l'air environnant de gouttelettes d'eau en suspension.

En plantant autour des pieds de tomate des plantes comme le basilic, qui se plaisent dans des conditions chaudes, et parfois humides, à mi-ombre, on peut aussi contribuer à réduire les excès hygro-thermiques et à créer, en plus, un cordon sanitaire au bénéfice mutuel des deux cultures. Ce voisinage de bonne composition phytosanitaire se poursuivra avec bonheur dans l'assiette…

Le paillage

Un bon paillage est indispensable à la réussite de la culture de la tomate, une couche d'une dizaine de centimètres étant un minimum. Le paillage empêche l'évaporation de l'eau dans l'air autour de la plante après l'arrosage et stabilise la température du sol, ce qui est bénéfique aux plantes. Il vous permet du même coup de réduire votre consommation d'eau et d'économiser vos efforts d'arrosage. Il empêche aussi les mauvaises herbes de pousser, et élimine du coup la nécessité de désherber !

Le paillage maintient la terre souple en évitant le compactage en surface dû au martèlement des gouttes de pluie. La croûte dure et imperméable qui se forme en l'absence de paillage asphyxie les organismes vivant dans le sol. Ces organismes sont responsables des échanges physico-chimiques qui s'y déroulent, et ils contribuent à créer une terre saine et bien structurée. Le paillage sert de barrière contre la transmission d'organismes pathogènes (spores de champignons, virus) véhiculés dans les éclaboussures d'eau, de pluie ou d'arrosage.

Faut-il utiliser de la paille ?

Pour pailler, il n'est pas indispensable d'utiliser de la paille. Des matières végétales décomposées ou séchées, de préférence en mélange (coupes de gazon séchées, compost d'épluchures ménagères, feuilles décomposées qu'on a gardées de côté à l'automne, fumier) valent aussi bien, sinon mieux, car elles apportent des éléments nutritifs, qui enrichiront le sol avec le temps tout en améliorant son drainage.

Alors ne jetez plus vos feuilles mortes, gardez l'herbe coupée de votre gazon, ajoutez-y une poignée d'engrais riche en nitrates – de l'accélérateur de compost ou un engrais pour gazon. Mélangez le tout au cours des saisons et rappelez-vous que jardiner, ce n'est pas « faire propre ». La psychanalyse offre plus de satisfactions si cette question vous travaille !

Un paillage dense autour de jeunes pieds de tomate.

Seule la pluie peut toucher la partie aérienne de vos tomates, l'arrosage devant se faire exclusivement au pied de la plante.

L'arrosage

La question de l'eau est un peu plus délicate. Les tomates dépérissent dans un terrain saturé d'eau en permanence, d'où l'importance d'un bon drainage. L'arrosage doit se faire au pied de la plante, sans mouiller le feuillage, et à intervalles réguliers. Le sol doit rester humide entre les arrosages – c'est le but du paillage –, mais ne pas être constamment gorgé d'eau. Il faut espacer les arrosages, tout en prenant soin de ne pas mettre la plante en détresse : le feuillage ne doit pas flétrir.

Les arrosages doivent être faits à intervalles réguliers, car un arrosage irrégulier, surtout par temps frais, produit des nécroses à la base des fruits encore verts. En effectuant des arrosages réguliers et sans excès, en tenant compte des températures diurnes et nocturnes, on évite de faire subir aux plantes des stress physiologiques, dont les effets secondaires les plus courants sont la chute des fleurs et l'arrivée de maladies et de parasites.

Un fruit éclaté, un des méfaits d'un arrosage irrégulier.

L'eau d'arrosage doit, si possible, être à température ambiante. Avec un petit nombre seulement de plantes en culture, on peut se permettre de laisser l'eau du robinet se réchauffer dans un arrosoir pendant quelques heures. Attention, l'eau doit être tiède, pas chaude... Recueillir l'eau de pluie est une bonne solution, et la plus économique. L'arrosage doit être fait au pied de chaque plante. Une astuce : pour être sûr de bien arroser vos tomates, enterrez à moitié une boîte de conserve vide, sans fond ni couvercle, ou une bouteille d'eau en plastique dont vous aurez coupé le fond et le col à côté de chaque pied au moment du repiquage en pleine terre. L'eau ira ainsi directement aux racines, et l'arrosage se fera sans enlever la terre autour de la tige, qui doit rester bien buttée. Vérifiez l'humidité en dégageant la boîte ou la bouteille de temps à autre si vous avez du mal à apprécier les besoins en eau des plants. Mais, attention, ne dérangez pas les racines !

Le tuteurage

Le choix de tuteurer et celui du tuteur dépendent essentiellement du type de croissance et de la vigueur de la plante. Une tomate de croissance indéterminée nécessite en général un tuteurage solide et une taille suivie. Une petite tomate cerise, de croissance compacte et déterminée, ne vous demandera pas de taille, ni même parfois de tuteurage. Adoptez une attitude critique au moment de choisir votre cultivar (variété cultivée). Un catalogue digne de ce nom doit vous donner des indications sur le type de croissance (indéterminée ou déterminée) et sur la vigueur de la plante.

Du raphia et un tuteur solide pour attacher les variétés vigoureuses ou de croissance indéterminée.

Pourquoi tuteurer ?

La tomate est une plante rampante, une semi-grimpante qui, à l'état sauvage, prend appui sur un rocher ou un arbuste, par exemple, ou se contente de ramper sur le sol. Sa tige n'est pas en mesure de soutenir le poids des fruits lorsque la plante est en pleine fructification. En culture, tuteurer s'avère donc souvent indispensable. Ainsi, les fruits seront-ils mieux exposés à l'air et au soleil, mieux présentés sur le plan esthétique et plus faciles à entretenir. Cependant, si vous disposez de beaucoup de place et que la vision d'un amas de tiges et de feuilles répandues dans tous les sens ne vous gène pas, vous pouvez toujours laisser vos tomates pousser en rampant sur le sol. Vous devrez dans ce cas pailler la totalité de la surface dévolue à la culture de vos tomates afin d'éviter trop d'humidité autour des plantes. Mais l'inconvénient de cette méthode c'est qu'il n'est pas commode de récolter les tomates au milieu d'une végétation basse et foisonnante, et qu'il est difficile de les arroser sans mouiller leur feuillage, à moins d'avoir installé un système d'arrosage en goutte à goutte sous le paillage...

Un tuteur en éventail permettant d'accroître la surface exposée au soleil.

Quels tuteurs choisir ?

Il existe deux types de tuteurs :

1. Les tuteurs sur tige qui demandent un suivi régulier pour pincer et attacher les plantes, surtout pour les variétés indéterminées les plus vigoureuses.

En piquet : ce peut être un morceau de bois, un tuyau rigide en PVC ou une tige de métal galvanisé en forme de spirale. Dans tous les cas, il doit mesurer au moins deux mètres de hauteur et être enfoncé d'au moins quinze centimètres dans la terre lors de la plantation. Si vous utilisez un tuyau rigide en PVC, mettez-le à contribution pour l'arrosage, en plaçant le bout du tuyau d'arrosage dans l'embout supérieur du tuyau. Cette méthode d'arrosage demande alors quelques accommodations en hauteur de la part du jardinier...

Tuteur sur tige en forme de spirale en métal galvanisé.

En éventail : avec ces formes plus recherchées, vous pouvez non seulement gagner de la place à l'horizontale, et donc accroître le nombre de fruits produits, mais aussi mieux les exposer au soleil et donner libre cours à votre expression de jardinier-paysagiste.

2. Les tuteurs en forme de cage qui laissent à la plante la possibilité de s'étaler à l'horizontale tout en poursuivant une croissance verticale. Ils demandent moins de suivi, les plantes prenant leur appui sans trop d'interventions. Les formes disponibles à l'achat sont généralement trop petites pour les pieds de tomate, et ne peuvent convenir qu'aux variétés de petite taille ou aux variétés naines. Le tuteur en forme de pyramide est le moins encombrant de ces tuteurs.

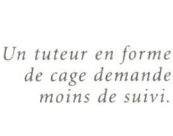

Un tuteur en forme de cage demande moins de suivi.

En haut : tuteur sur tige en pyramide inversée.
En bas : tuteur échelle, forme proche des tuteurs en forme de cage.

Vous pouvez construire vous-même vos tuteurs, le bois de noisetier et le châtaignier en tiges s'y prêtent admirablement. Veillez à leur solidité – un pied de tomate adulte et couvert de fruits pèse lourd –, et si vous traitez le bois, attention aux produits nocifs pour les plantes ! Un mélange à parts égales d'huile de lin et de térébenthine, une fois par an à l'entrée de l'hiver, donnera d'excellents résultats.

Les attaches : utilisez des attaches en raphia. Elles sont biodégradables, ne glissent pas et sont solides, tout en permettant aux plantes de se développer (à condition de ne pas les serrer trop !).

La taille, ou comment pincer ?

Tailler (pincer est le terme plus couramment employé pour les tomates) ou ne pas tailler, là est la question ! Heureusement, la réponse à ce problème épineux est simple si l'on tient compte des paramètres essentiels : le type de croissance et la vigueur de la variété choisie, le climat local et la forme du tuteur.

Tout d'abord sont exemptées de taille les formes déterminées, et surtout les formes naines. Les variétés plus petites ou moins vigoureuses peuvent être menées sur plusieurs tiges et subir moins de tailles. Le pied d'une tomate ne fleurit (et donc ne fructifie) que lorsqu'il a développé un certain nombre d'entrenœuds (la tige de la plante est divisée en entrenœuds, un entrenœud étant l'espace compris entre deux feuilles sur la tige). Le climat de votre région est frais et l'endroit manque de soleil ? La taille est alors nécessaire pour accélérer la maturité florale. La règle étant que plus la saison de croissance est courte, plus le besoin de pincer s'impose. Vous bénéficiez d'un climat chaud et ensoleillé ? Cela va favoriser la croissance et donc la maturité florale et la fructification de vos pieds de tomate. Ils peuvent prendre le temps de grandir tranquillement, sans taille. Dans ce cas, la période de récolte sera plus étalée, les fruits plus nombreux mais plus petits. Cette option demande de la place et des tuteurs adaptés pour soutenir le poids des fruits.

Tailler une jeune pousse latérale de tomate peut se faire en pinçant avec le pouce et l'index.

(À droite) On peut pincer avec un petit couteau pour les pousses les plus vigoureuses.

Comment pincer ?

Il faut supprimer les pousses latérales qui naissent dans l'angle formé par la tige principale et le pétiole de la feuille. Si vous souhaitez conduire la plante sur plusieurs tiges, vous pouvez en garder une ou deux au départ, sur le bas de la tige.

Pour pincer, utilisez le pouce et l'index si la pousse n'est pas trop forte, sinon un petit outil de taille fera l'affaire. À la fin de l'été, supprimez l'extrémité de la tige principale en la taillant deux feuilles au-dessus de la dernière inflorescence.

Faites des essais sur vos plantes, au fil du temps et en fonction des variétés, et, l'expérience venant, vous trouverez la conduite qui vous convient.

Pour hâter la récolte des tomates ou la prolonger en fin de saison, il est parfois conseillé d'enlever quelques feuilles. Évitez de le faire, car la plante a besoin de toutes ses feuilles ; ne la privez pas de cette source de chlorophylle. Vos tomates seront ainsi protégées des brûlures du soleil, et elles mûriront tout aussi vite.

Les prédateurs

La prévention est le secret de la bonne santé des tomates. Mettez toutes les chances de votre côté en appliquant les meilleures conditions de culture possibles. N'oubliez pas qu'un bon drainage, un paillage, une bonne circulation de l'air autour de la plante et des arrosages mesurés sont vos meilleurs alliés contre les envahisseurs de tout poil.

Choisissez des variétés adaptées aux conditions de culture. Des cultivars adaptés aux conditions semi-arides ne conviennent pas aux régions bien arrosées. Les tomates adaptées aux courtes saisons de croissance (moins de quatre-vingt-cinq jours) sont tout indiquées pour les régions où les étés sont frais. Les maladies virales peuvent être évitées en cultivant des variétés résistantes (voir guide des variétés, p. 53).

Un traitement à la bouillie bordelaise (à gauche) permet de prévenir les attaques d'une maladie cryptogamique (à droite).

Sinon, deux traitements à la bouillie bordelaise vous donneront bonne conscience et combattront une multitude de petits maux, sans trop de dégâts pour l'environnement. Faites la première application un mois après la plantation, et la seconde deux mois plus tard. Le purin d'ortie (voir carnet d'adresses, p. 189) en pulvérisations foliaires est une autre bonne recette : il fournit minéraux, oligoéléments et vitamines, chasse les pucerons et, associé à un purin de prêle, rendra vos plantes plus résistantes aux maladies cryptogamiques. Enfin, ne vous ruez pas sur tous les nouveaux traitements venus et acceptez de vivre en bonne intelligence avec la nature en tolérant quelques parasites !

Quant à la rotation des cultures, souvent évoquée, c'est toujours une bonne précaution, mais elle ne s'avère pas indispensable. Notre voisin fait pousser des tomates sur les mêmes trois mètres carrés depuis au moins dix ans, sans effets néfastes...

Des taches jaunes et vertes en mosaïque sur les feuilles et les fruits sont des symptômes de virus. Arrachez et brûlez vos plants dans ce cas, car il est très difficile de venir à bout des virus une fois l'attaque déclarée. Traiter à ce stade devient une opération inutile et onéreuse. Les champignons, responsables de la plupart des problèmes rencontrés par l'amateur, sont le premier indicateur de mauvaises conditions de culture. Cherchez les raisons derrière ces attaques. Trop d'arrosage ? Pas assez de drainage ? Le manque d'air ? Prenez de bonnes décisions pour l'année prochaine, et ce sentiment de révulsion que vous éprouvez face aux ravages de la nature passera.

Les engrais

Le pied de tomate qui pousse dans une terre trop riche en nitrates (principal constituant des engrais) devient une magnifique plante verte, mais il ne donnera pas de fruits. Un sol trop riche n'encourage pas la floraison. Alors, attention aux « sirènes » des engrais achetés dans l'euphorie de la plantation, c'est du gaspillage. La tomate donne des fruits plus savoureux dans un sol pauvre. Cherchez à améliorer la structure du sol plutôt que d'épandre d'inutiles quantités d'engrais, souvent trop azotés.

Si vous tenez à enrichir votre terre, amendez-la au printemps avec des engrais organiques et organo-minéraux (vous trouverez tout cela en jardinerie ou, plus simplement, dans les catalogues de vente par correspondance de l'agro-biologie, source du plus grand choix en la matière). Tâchez néanmoins de concentrer vos efforts sur un apport de matières humifères (votre compost de feuilles et de tontes décomposées). Lors de la plantation et lorsque vos pieds de tomate sont en fleur, vous pouvez toujours les arroser avec une solution riche en potasse, qui encourage la mise à fruits. Mais ce temps et cet argent seront mieux employés à renforcer le paillage, et la nappe phréatique ne s'en portera que mieux au bout du compte.

Il faut cultiver ses tomates

Faites *vos semis*

Élever des plantes à partir de graines est d'une grande facilité en ce qui concerne les tomates. En achetant les graines sur catalogue, vous pouvez prendre votre temps pour choisir les cultivars (variétés) qui vous conviennent le mieux (couleur du fruit, date de maturité, type de croissance, etc. ; voir carnet d'adresses, p. 189)

Quand et comment semer ?

Ne semez pas trop tôt. Tenez compte du climat de votre région et commencez vos premiers semis six semaines avant les dernières gelées. Vous pouvez semer jusqu'à la fin du mois de juin pour les récoltes tardives. Pour réussir vos semis de tomate, il faut de la chaleur, de la lumière et une terre toujours humide, mais jamais trempée. Les semis en climat tempéré se font à l'abri, au chaud : le bord d'une fenêtre bien exposée, une serre, même rudimentaire mais hors gel, dans un coin protégé du jardin, etc. Choisissez un emplacement bien aéré, mais protégé des courants d'air.

Les graines de tomate sont relativement grandes ; profitez-en pour les semer bien espacées les unes des autres, à une profondeur d'environ sept millimètres dans un milieu de culture stérilisé, un terreau pour semis vendu dans les jardineries.
Les meilleures températures pour assurer la germination sont comprises entre 24 et 27 °C, avec un minimum de 10 °C et un maximum de 35 °C. Les graines germent rapidement, en huit à dix jours, et, si les conditions de température sont respectées scrupuleusement, en trois à cinq jours.

L'arrosage doit se faire en plaçant les terrines de semis et les godets dans un récipient contenant de l'eau à hauteur de la terre pendant une dizaine de minutes. Puis, laissez l'eau en excès s'écouler. Surtout, n'arrosez pas trop pour éviter les risques liés au botrytis, ou fonte des semis : les plantules sont très sensibles aux attaques de ces champignons qui s'installent immanquablement au collet des plantes si la terre est trop humide pendant trop longtemps. Si cette maladie survient, vous pouvez tenter de sauver les plantes encore saines en les repiquant immédiatement dans un nouveau terreau.

Les graines de tomate. *L'émergeance des cotylédons (8-16 jours).* *Les premières vraies feuilles (14-21 jours).*

Si vous semez en terrine, repiquez vite vos plantes dans des godets car elles demandent plus de place et des conditions plus riches – surtout plus de phosphore – pour se développer : utilisez un peu de patenkali (voir carnet d'adresses, p. 189) mélangé au terreau de rempotage.

Choisissez les plus belles plantes, cette sélection sera bénéfique sur le plan de la santé ultérieure de vos pieds de tomate. Elles peuvent être repiquées dès l'apparition de la première paire de vraies feuilles. Si vous avez planté plusieurs graines dans un même pot, séparez les plantes très tôt pour préserver le système racinaire de chacune.

À ce stade, vous pouvez appliquer un traitement pour accélérer la mise à fleurs en baissant la température de l'air. Les jeunes plants doivent passer à des températures beaucoup plus fraîches, aussi bien le jour que la nuit, 10 à 13 °C pendant deux semaines environ, tout en bénéficiant d'un maximum de lumière (attention, pas de soleil brûlant !), soit neuf à douze heures par jour. Si vous utilisez ce traitement, semez plus tôt (dix à quatorze jours avant) pour compenser une pousse ralentie par le traitement au froid.

Pour bien pousser à leur emplacement définitif, les pieds repiqués ou élevés en godet ne doivent pas dépasser une quinzaine de centimètres : leur système racinaire doit se développer en pleine terre, pas au fond d'un godet. Mais avant de les replanter, prenez soin de les « durcir ». Les petites plantes ne sont guère armées pour affronter les conditions extérieures, aussi faites leur passer une semaine dehors dans un lieu très abrité et en les plaçant sous châssis froid la nuit si vous en avez les moyens, ou laissez-les dans une pièce la fenêtre ouverte pendant quelques nuits, sans chauffage bien entendu, si vous faites vos semis chez vous.

Un pied repiqué en pot après semis en terrine (5-6 semaines).

Une astuce :

Pour « durcir » sans dégâts des plantes, et si vous n'avez que peu à repiquer, demandez à votre poissonnier quelques caisses en polystyrène pour y placer vos godets. Les tomates aiment avoir les pieds au chaud. Ces caisses constitueront un excellent isolant et elles aideront vos plants de tomate à passer cette période délicate. Si vous avez déjà, en jardinier avisé, épandu un paillage de feuilles et de déchets végétaux compostés sur l'emplacement en pleine terre destiné à recevoir vos pieds de tomate, vous pouvez y glisser vos caisses, accentuer ainsi l'effet isolant et rendre le tout plus esthétique en cachant le polystyrène sous le paillage. Gardez cependant un œil vigilant sur la météo, les gelées sont toujours à craindre en début de saison.

En pleine terre ou en pot, tomates et œillets d'Inde, un voisinage heureux à l'œil et réputé efficace sur le plan phytosanitaire.

Le bon voisinage

Si vous voulez entourer vos tomates de quelques plantes de compagnie, voici les bons et les mauvais amis. La tomate redoute la compagnie des membres de la famille des choux et n'aime guère celle des cucurbitacées (concombres, melons). Pensez aussi à éloigner les haricots. Ces deux dernières catégories de plantes peuvent servir à obtenir un effet esthétique assez proche de celui qu'offrent les plants de tomate (en grimpant ou en rampant à même le sol), mais elles doivent être placées dans un autre coin du jardin.

La ciboulette, l'ail, l'oignon, le persil, le basilic et l'estragon sont les meilleures fréquentations possibles pour vos pieds de tomate, car ce sont des plantes qui se plaisent dans une terre bien drainée. En début de saison, quelques pieds de salade feront aussi bon ménage avec les tomates. Ils se plairont à l'ombre des jeunes pieds de tomate, et rehausseront le vert foncé, très uniforme – et même un peu trop parfois ! –, du feuillage de la tomate. La récolte des laitues libère ensuite de l'espace, ce qui vous permettra de passer entre les plants pour cueillir les tomates.

Les plantes ornementales annuelles du Nouveau Monde, comme les amarantes et autres œillets d'Inde (tagètes), aux vertus phytosanitaires toujours évoquées - mais jamais vraiment prouvées - peuvent également être utilisées. Les capucines aussi fleurissent mieux en terrain pauvre et plutôt sec, leurs fleurs présentant de plus l'avantage d'être comestibles et si jolies dans une salade.

Enfin, les tuteurs prévus pour les tomates peuvent démarrer leur saison avec des pois de senteur. Ces grimpantes annuelles sont très gourmandes en azote ; une terre trop riche en cette matière en sera donc partiellement appauvrie, et les tomates ne s'en porteront que mieux !

Les modes de culture *alternatifs*

Faire pousser des tomates en pot

C'est possible si l'on choisit des variétés indéterminées peu vigoureuses ou des variétés déterminées à croissance compacte (*'Broad Ripple'*, *'Délice d'Or'*, *'Taxi Yellow'*, *'Grushovka'*, *'Uribanky'*, etc. ; voir guide des variétés p. 53). Les arrosages doivent être bien plus suivis, et il faut ajouter un engrais pour tomates à l'eau d'arrosage car la terre du pot ne suffit pas à nourrir les plantes. Tapissez le fond du pot d'une couche de morceaux de terre cuite, de graviers ou de chutes de polystyrène pour améliorer le drainage, et choisissez un pot d'au moins trente centimètres de diamètre et cinquante centimètres de profondeur.

Attention aux balcons venteux et au plein soleil : les plantes en pot ne supportent pas les conditions extrêmes. Les pots en terre cuite assurent une meilleure circulation d'air aux racines, mais l'arrosage est plus contraignant. Si vous choisissez ce type de pots, entourez-les d'autres pots plus bas, qui empêcheront une trop grande évapo-transpiration par des racines surchauffées. Les pots en plastique, surtout de couleur foncée, qui chauffent au soleil mais transpirent moins, peuvent être traités de la même façon. Enfin, prévoyez un grand pot si vous voulez faire cohabiter vos pieds de tomate avec d'autres plantes, et n'oubliez pas de prévoir un support, un tuteur.

La tomate cerise, un bon sujet pour la culture en pot.

Les sacs de terreau

Les sacs de terreau vendus dans le commerce et posés à plat à même la terre (ou sur le sol d'une terrasse, sur un balcon, etc.) suffisent pour cultiver un ou deux pieds de tomate. Optez dans ce cas pour des variétés de croissance déterminée ou de croissance indéterminée peu vigoureuse, et n'oubliez pas de faire des trous dans la partie du plastique qui est en contact avec le sol. Coupez en croix le film de plastique sur la face supérieure et rabattez-le pour la plantation, puis remettez-le en place, autour de la tige. L'arrosage se fera de la même manière. Prévoyez un tuteurage de type potence. Pour les modalités de culture, suivez les consignes données pour les plantes cultivées en pot. N'hésitez pas à cacher les sacs avec un matériau léger, une couche pas trop épaisse d'herbe coupée ou quelques brindilles, par exemple.

La *récolte*

Les tomates récoltées à pleine maturité, bien rouges et encore fermes, sont les meilleures, car elles ont accumulé des sucres et des saveurs que seuls les échanges phyto-physiologiques inhérents à la maturation sur pied peuvent garantir.

Vous pouvez envelopper vos tomates dans du papier journal pour concentrer et accélérer leur maturation.

Si vous avez besoin de cueillir des tomates avant ce stade, vous pouvez, en prenant des fruits qui ne sont pas encore tout à fait à point, les faire mûrir. Placez-les dans un lieu chaud et bien aéré, à l'abri du soleil direct. Si vous les enveloppez avec du papier journal ou du papier kraft, l'éthylène, un gaz émis naturellement par les fruits en cours de maturation, se concentre et accélère le processus. L'étalement de la période de récolte varie selon le type de croissance de la variété choisie. La fructification très peu espacée des variétés déterminées (environ quinze jours) peut être mise à profit si vous souhaitez réserver vos tomates pour faire des conserves (sauces, bocaux de tomates entières, etc.).

Le guide des *variétés*

Le guide des *variétés*

La tomate peut prendre des formes très variées comme ici cette variété appelée 'Téton de Vénus' !

La rédaction de ce guide des variétés a été rendue possible grâce à Dominique Guillet dont le catalogue *Terre de semences (voir carnet d'adresses, p. 189)* demeure une source de savoir indispensable pour tous les « tomatologues gourmands ».

Aujourd'hui, la diversité dans les variétés de tomates est tout simplement extraordinaire. Les tomates ont adopté toutes les couleurs de l'arc-en-ciel et peuvent être, à maturité, blanches, jaunes, orange, roses, rouges, violettes, striées, et même vertes.
L'abondance de leurs formes est tout aussi généreuse : en cerise, en poire, ovales, allongées comme des piments, côtelées, bien rondes, aplaties, en poivron, etc. Leur poids peut également varier considérablement : de quelques dizaines de grammes à plus d'un kilogramme par fruit.
Les noms des variétés sont très évocateurs de saveurs, d'esthétique, d'histoire et de géographie : 'Douce de Picardie', 'Rose de Berne', 'Dix Doigts de Naples', 'Cartoloccio', 'Golden Delight', etc.

Les tomates présentées dans ce guide des variétés ont été classées par couleur : ce classement, plutôt d'ordre esthétique, nous permet de présenter les tomates en fonction de leur rapidité de mise à fruits *(variétés très précoces, précoces, de mi-saison, tardives).* Pour chaque variété, nous vous précisons aussi *quand nous sommes en mesure de le faire en l'état actuel des connaissances :*
– l'origine ou le lieu de développement de cette tomate ;
– ses caractéristiques physiques ;
– ses qualités gustatives et/ou décoratives ;
– le type de croissance et la vigueur de la plante ;
– le tuteurage quand il s'avère indispensable.

Pour bien choisir ses tomates

• **Pensez à l'utilisation que vous comptez faire de votre récolte** : vous envisagez d'utiliser vos tomates pour les manger en salade ? en sauce ? en pâtisserie ? pour les confire ? pour les mettre en conserve ? pour les croquer à pleine maturité dans le jardin ?
Pour vous aider à faire le bon choix, nous vous présentons dans un tableau *(voir page suivante)* notre sélection parmi toutes les variétés présentées dans ce guide. Vous retrouverez ces tomates cuisinées et approuvées par quarante et un chefs dans la partie gastronomique de cet ouvrage *(voir p. 104).*

Le poids des tomates peut varier de quelques dizaines de grammes à plus d'un kilo par fruit...

• **Tenez compte du climat de votre région.** Vous vivez dans une région peu ensoleillée ou montagneuse ? Sélectionnez en priorité des variétés précoces, dont la croissance se situe entre 55 et 70 jours. Les variétés de mi-saison poussent en général en 70 à 85 jours, et la saison de croissance des variétés tardives est au-delà de 85 jours (ces estimations s'entendent à partir du jour de repiquage).

• **Enfin, nous vous conseillons de planter cinq ou six variétés de tomates** dans votre jardin plutôt qu'une, afin de réduire les risques de fragilité induits par les conditions climatiques. À vous ensuite de multiplier les expériences et de comparer avec vos amis amateurs de tomates les résultats obtenus avec telle ou telle variété et ce jusqu'à ce que vous soyez devenu un « tomatologue » averti !

Quelle tomate *choisir* ?

	En soupe ou en jus	En salade	À farcir	En sauce	À confire
Les rouges	'Odessa' 'Santiam' 'Petros' 'Super Sioux' 'Rouge d'Irak' 'Double Rich' 'Earliana'	'Cœur de Bœuf Rouge' 'Matt's Wild Cherry' 'Sasha Altaï' 'Victory' 'Marmande' 'Oroma' 'Black Prince' 'Eureka' 'Barbaniaka' 'Reif Reid'	'Super Marmande' 'Zakopane' 'Liberty Bell' 'Potiron Écarlate' 'Mont Athos'	'Roma Paste' 'Piment' 'Chinese' 'Saucey' 'Eureka' 'Ropreco Paste' 'Peasant' 'Roi Humbert'	'Des Andes' 'Opalska' 'Chinese' 'Mexicaine' 'Champ Martin' 'Piment' 'Ropreco Paste' 'Roma Paste'
Les jaunes à orange	'Banana Legs' 'Golden Plum' 'Délice d'Or'	'Calabash Red' 'Poire Jaune' 'Sun Gold' 'Caro Rich' 'Banana Legs' 'Délice d'Or'	'Liberty Bell' 'Jaune à Farcir' 'Yellow Stuffer' 'Kaki Coing' 'Zapotec Ribbed' 'Brown Flesh' 'Zakopane'	'Kaki Coing' 'Golden Plum'	'Kaki Coing' 'Sun Gold'
Les roses		'Cœur de Bœuf Rose' 'Sweet Heart' 'Berkshire' 'Akers'	'Zapotec Pink Ribbed'		
Les noires		'Noire de Crimée' 'Black Prince'	'Brown Flesh' 'Black Prince'		
Les vertes		'Evergreen'			'Evergreen'
Les bigarrées		'Tigerella' 'Green Zebra'	'Schimmeig Striped Hollow'		'Green Zebra'

N.B. Les tomates de couleur blanche se consomment en salade ou en aigre-doux.

Le guide des variétés

Tomates de couleur jaune à orange

Variétés *très précoces*

'Délice d'Or'
('Golden Delight')
Développée à l'université du Dakota du Sud. Une des meilleures tomates jaunes. Idéale crue ou cuite. Peu de graines. Peau ferme, résistante à l'éclatement. Fruits très peu acides et de saveur douce, de 90 à 120 grammes. *Croissance compacte et déterminée. Très précoce. 57-65 jours.*

'Galina'
Variété sibérienne. Tomates cerises de couleur jaune. Saveur excellente. Très bonne production. *Croissance indéterminée. 59 jours.*

'Gold Dust'
(version orange de 'Taxi')
Développée par l'université du New Hampshire. Fruits en forme de globe et de taille moyenne. Bonne saveur et chair ferme. Résistante aux maladies. *Croissance compacte et déterminée. 61 jours.*

'Gold Nugget'
Tomate cerise de couleur or. Saveur douce. *Croissance déterminée. 56 jours.*

'Ida Gold'
Très belle variété de tomate de couleur orange vif, à la saveur délicieuse. Bonne productivité de fruits de 60 à 90 grammes. *Croissance déterminée. 59 jours.*

Variétés *précoces*

'Ambre'
Variété originaire de Russie. Très bonne productivité de fruits juteux, de 50 à 90 grammes, de couleur jaune orange. *Croissance indéterminée.* Plantes très basses. Tuteurage nécessaire.

'Auriga'
Tomate précoce de couleur orange vif, à chair ferme et peau épaisse.

'Broad Ripple'
Grande abondance de très petites tomates cerises de couleur jaune. *Croissance déterminée.*

'Chello'
Variété de tomates cerises de taille moyenne et de couleur jaune. Grande productivité. *Croissance déterminée.*

'Golden Grape'
Variété originaire de Russie. Très grande abondance de tomates cerises de couleur or, légèrement pointues. Fruits doux et juteux. *Croissance indéterminée.*

'Mirabelle Jaune'
Très petits fruits de la taille d'une tomate cerise, de couleur jaune. Vous pouvez essayer de remplacer dans une tarte les mirabelles par ces tomates.

La 'Mirabelle Jaune' peut remplacer les mirabelles dans une tarte.

L'"Orange Queen" révèle une saveur douce.

Variétés *de mi-saison*

'Orange Queen'
Fruits de type *'Beefsteak'* de couleur orange vif. 120 à 180 grammes. Saveur douce. *65 jours.*

'Wendy'
Variété originaire de Nouvelle-Zélande. Douce comme une prune (et pourquoi pas dans une salade de fruits ?). Grande abondance de petits fruits ronds et jaunes de 5 cm de diamètre. *Croissance indéterminée. 65 jours.*

'Banana Legs'
Fruits en forme de banane, de couleur jaune clair, de 45 à 70 grammes. Très grande productivité. *Croissance indéterminée. 72-75 jours.*

'Caro Rich'
Version améliorée de la variété *'Caro Red'*. Fruits de couleur orange à haute teneur en vitamine A (dix fois plus de vitamine A que la plupart des autres variétés de tomates). Très bonne saveur. Fruits de 120 à 150 grammes. *Croissance indéterminée. 80 jours.* Pas de tuteurage.

'Cartoloccio'
Superbe variété de couleur orange vif. Fruits côtelés et un peu aplatis, ornés d'un petit chapeau semblable au turban turc. Bonne productivité.

'Cœur de Bœuf Orange'
Variété très productive de fruits en forme de cœur de bœuf.

'Golden Jubilee'
Ancienne variété de tomates de couleur orange, aux fruits légèrement aplatis. Primée aux USA en 1945. Chair ferme avec peu de graines. Tomate douce et de saveur agréable. Fruits de 200 grammes. *Croissance indéterminée, avec ou sans tuteurage.* Très bonne productivité. Peu adaptée aux régions au climat frais. *72-85 jours.*

Le guide des variétés — Tomates de couleur jaune à orange

'Golden Plum'

Variété issue de 'San Marzano' et de 'Yellow Brandywine'. Fruits à la saveur douce, de couleur orange. Idéale pour les sauces et les conserves. Feuillage de pomme de terre. Bonne productivité. *Croissance indéterminée. 75 jours.*

Cette variété produit une abondance de fruits.

'Golden Treasure'

Tomate de longue conservation. Les fruits, cueillis verts, mûrissent vers leur couleur jaune en l'espace de 4 à 6 semaines. Ils peuvent ensuite se conserver sur une période de 6 à 12 semaines. Des tests de conservation ont mis en valeur que 80 % des fruits étaient savoureux au bout de 4 mois au fruitier. Fruits relativement acides en début de conservation, s'adoucissant au fil des mois. Il est conseillé de repiquer les plants environ cent jours avant les premières gelées (présumées) de l'automne.

'Ivory Egg'

Variété très productive de fruits de la taille d'un petit œuf, à l'extrémité arrondie. Couleur jaune ivoire. *Croissance indéterminée.*

'Jaune à Farcir'

Variété produisant des fruits jaunes similaires aux poivrons. Ils ont peu de graines et sont presque creux, prêts à accueillir la farce. Productivité moyenne.

'Karos'

Fruits de taille moyenne, très uniforme. Couleur orange rouge.

'Mandarin Cross'

Fruits de taille moyenne, de couleur orange, à la chair ferme et savoureuse. Variété non adaptée aux climats frais.

'Mirabella'

Variété très productive de tomates cerises de taille moyenne et de couleur orange. Saveur très douce.

'Moonglow'

Fruits de taille moyenne et de couleur orangée. Saveur douce. Bonne variété pour la conservation.

'Mountain Gold'

Variété de couleur jaune orange. Résistante au fusarium et au verticillium. Résistante aussi à l'éclatement. Tuteurage. *70 jours.*

'Negib Jaune'

Variété aux fruits jaunes et à la chair un peu blanche. Forme aplatie. Bonne productivité et bonne conservation.

'Orange Bourgoin'

Variété dont les grappes portent une vingtaine de fruits orange d'environ 50 grammes. Saveur excellente.

'Persimmon'

Très ancienne variété. Fruits énormes de 500 grammes à 1 kilo, de couleur orange or. Chair très ferme et peu de graines. Saveur unique. *Croissance indéterminée et vigoureuse. 80 jours.*

'Poire Jaune'

Très ancienne variété datant de la fin du XIXe siècle. Les fruits, en forme de poire, sont très peu acides. Vigoureuse et productive. Pas de tuteurage. *Croissance indéterminée.* À l'automne, on peut arracher tout le pied et le pendre dans un endroit sec afin d'en faire sécher les tomates.

'Ponderosa Golden'

Variété très ancienne, datant d'avant 1940 et originaire de Virginie. Très gros fruits de plus de 500 grammes. Feuillage peu résistant aux maladies. *78 jours.*

'Prize of the Trials'

Fruits orange de la taille d'un abricot. Variété très productive. *Croissance indéterminée.* Une des meilleures variétés de tomates cerises quant à la saveur, à la productivité et à la résistance à l'éclatement. *75-80 jours*

'Prune Jaune'

Variété aux petits fruits ovales de couleur jaune citron. Saveur douce. Chair ferme. Belle variété pour les conserves. Idéale pour les tartes sucrées ou salées. Grande productivité jusqu'aux gelées. *Croissance indéterminée. 70-78 jours.*

'Roma Jaune'

Fruits allongés à la chair ferme. Variété idéale pour les conserves et les sauces. Peu de productivité.

'Ruby Rakes Yellow'

Variété produisant des fruits ronds de couleur jaune citron, de 60 à 120 grammes. Bonne saveur. *Croissance indéterminée. 80-85 jours.*

En sorbet	En pâtisserie	En conserve
'Cœur de Bœuf Rouge'	'Roma Paste'	'Roma Paste'
'Rouge d'Irak'	Cerise rouge	'Amish Paste'
'Petros'	'Barbaniaka'	'Barbaniaka'
'Super Sioux'	'Poire Rouge'	'Poire Rouge'
'Earliana'		'Miel du Mexique'
		'Saucey'
		'Nova'
		'Goutte d'Eau'
		'Bellstar'
		'High Country'
		'Gardener's Delight'
		'Double Rich'
		'Peasant'
		'Azur'
'Yellow Ruffled'	'Mirabelle Jaune'	'Golden Plum'
'Délice d'Or'	'Poire Jaune'	'Prune Jaune'
'Caro Rich'	'Prune Jaune'	'Poire Jaune'
		'Mirabelle Jaune'
		'Podland Pink'
		'Gregori Altai'
		'Black Prince'
		'Noire de Crimée'
	'Raisin Vert'	'Evergreen'
'Green Zebra'	'Green Zebra'	'Green Zebra'

'Sundrop'
Variété introduite par le semencier américain Burpee. Petits fruits ovales, très juteux, de couleur orange et de 35 grammes. Très bonne productivité. Résistante à l'éclatement.
Croissance indéterminée.

'Taxi'
Variété produisant une abondance de fruits ronds jaunes, de 200 grammes. Saveur douce. Variété assez résistante.
Croissance déterminée. 75 jours.

Une variété idéale pour les sauces et les conserves.

Une variété productive et qui se conserve bien.

Le guide des variétés Tomates de couleur jaune à orange

Une variété à maturité tardive.

'Yellow Ruffled'

Ancienne variété de tomate d'un jaune brillant. Fruits plissés et de grosse taille. Variété idéale pour les conserves. Bonne productivité jusqu'aux gelées. *85 jours.*

'Yellow Stuffer'

Variété produisant des fruits jaunes similaires au poivron. Les fruits ont peu de graines et sont presque creux. Idéale à farcir. Productivité moyenne.

Variétés *tardives*

'Valencia'

Variété ancienne, de couleur orange vif. Chair très dense avec peu de graines. Excellentes texture et saveur. *Croissance indéterminée. 76 jours.*

'Verna Orange'

Variété ancienne de l'Indiana. Fruits énormes, de couleur orange et en forme de cœur de bœuf. Saveur délicieuse. *84 jours.*

'Wonderlight'

Originaire de Sibérie. Son nom est *'Choodo-Svyeta'* *('Wonder of Light')*. Fruits de 60 grammes, de forme ovale et légèrement pointue, de couleur jaune citron. Chair ferme avec très peu de graines. Variété très productive et vigoureuse.

'Yellow Belgium'

Très ancienne variété. Grosses tomates jaune orangé. Bonne saveur. Peu acide. *Croissance indéterminée. Tuteurage. 85 jours.*

'Yellow Brandywine'

Variété à feuilles de pomme de terre. Très gros fruits de couleur jaune d'or. *78 jours.*

'Yellow Perfection'

Très ancienne variété, particulièrement populaire en Angleterre. Introduite dans ce pays par Unwin Seedsmen. Petite tomate de couleur jaune brillant. Goût délicieux ; très juteuse ; peau fine. Feuillage de pomme de terre. Grande productivité. *Croissance indéterminée. Tuteurage. 75 jours.*

'Cœur de Bœuf Jaune'

('Yellow Oxheart')
Variété très productive de tomates de couleur jaune pâle en forme de cœur de bœuf. Fruits énormes, souvent de la grosseur d'un petit melon.

'Kaki Coing'

Variété orange, peu juteuse, bien adaptée pour le stockage. Maturité tardive.

'Lemon Bush'

Variété de tomates aux fruits jaunes presque blancs, de la taille d'un petit citron. Saveur excellente. Croissance très compacte. Nécessitant un tuteurage pour de plus beaux fruits.

La 'Yellow Ruffled' est idéale pour les conserves.

Tomates de couleur rouge

Variétés *très précoces*

'Early Cherry'
Plants compacts produisant, sur une période de 3 à 4 semaines, des fruits en forme de cerises assez grosses, rouges, d'un poids moyen de 40 grammes. Très bonne productivité, même durant des étés froids et pluvieux. *Croissance déterminée. 55 jours.*

'Gem State'
Variété développée par l'université de l'Idaho pour les régions froides des Rocky Mountains, aux USA. Plantes aux tiges robustes, produisant une profusion de petites tomates savoureuses d'environ 45 à 60 grammes. Variété à feuilles de pommes de terre. *58 jours.*

'High Country'
Variété développée dans le Montana. Chaque plant peut produire plus d'une centaine de fruits de couleur rouge vif et de 90 à 120 grammes, en forme de poire. Variété adaptée pour les conserves. *Croissance déterminée. 60 jours.*

'Imur Prior Beta'
('IPB')
Variété développée en Norvège pour les régions en altitude et les saisons de croissance courtes. Fruits de 60 grammes. Plantes à feuilles de pomme de terre. *Croissance indéterminée.*

'Islandaise'
Petits fruits ronds de 60 grammes. *Croissance déterminée.* Très bonne productivité. *60 jours.*

'Kotlas'
('Sprint')
Variété à petits fruits ronds de 60 grammes. Feuillage peu abondant, grande capacité de conservation. Très importante résistance (grande tolérance au froid). Tuteurage nécessaire sans taille. *Croissance indéterminée. 55 jours.*

'Large German Cherry'
Tomates cerises d'assez grosse taille. *Croissance indéterminée.* Très bonne productivité. *65-70 jours.*

'Matt's Wild Cherry'
Tomate cerise originaire du Mexique. Fruits de très belle texture, avec une grande teneur en sucre. Grande productivité. *Croissance indéterminée. 60 jours.*

'Moskvitch'
Variété originaire de l'est de la Sibérie. Très bonne saveur. Fruits de taille moyenne (120 à 160 grammes). Très précoce et rustique. *Croissance indéterminée. 60 jours.*

'Northern Light'
Abondance de fruits rouges, ronds et lisses. Plants compacts. *Croissance déterminée. 55 jours.*

'Odessa'
Variété originaire d'Ukraine. Plants à la croissance compacte, produisant de 20 à 30 fruits juteux de 120 à 180 grammes. *Croissance déterminée.*

'Oregon Eleven'

Abondance de petits fruits rouges. Variété adaptée aux climats frais ou aux zones de montagnes. Tendance à l'éclatement. *Croissance déterminée. 60-65 jours.*

'Prairie Fire'

Variété développée à partir de *'Benewah'* (type *'Sub Artic'*). Fruits de 90 à 180 grammes. *Croissance déterminée. 55 jours.*

'Red Dawn'

Variété d'origine anglaise. Fruits ronds et rouges. *60 jours.*

'Santiam'

Variété nouvellement introduite par le docteur Bagett de l'université d'Oregon, aux USA. Fruits de 120 grammes, très doux et juteux, avec peu de graines. Très grande précocité. *Croissance déterminée et vigoureuse.* Très bonne productivité. Résistance au fusarium et au verticillium. *58 jours.*

'Sasha Altaï'

Une des tomates les plus savoureuses de la collection *'Sibérienne'*. Fruits de 150 à 220 grammes, ronds, à la forme légèrement aplatie, de couleur rouge vif. Variété de tomates très juteuses et douces, à la chair dense. Très grande précocité. *59 jours.*

'Slava'

Variété originaire de Tchécoslovaquie, très précoce, produisant des fruits de 30 à 60 grammes. *Croissance indéterminée* et feuilles de pomme de terre.

'Stupice'

Variété remarquable, originaire d'Europe de l'Est, envoyée aux USA en 1976 par l'obtenteur tchèque Milan Sodomka. Une des plus précoces qui soient connues, et cependant très productive et de bonne saveur. Feuilles de pomme de terre. Peut atteindre 1,30 m de hauteur. Variété adaptée aux climats frais. *55-60 jours.*

'Sub Artic Maxi'

Variété développée au Canada. Petits fruits ronds, de 60 à 90 grammes. Forme ses fruits à basse température, donc idéale pour les régions de montagnes ou les régions où le climat est relativement frais. Très bonne productivité. *Croissance déterminée et compacte. 50 jours.*

'Sub Artic Plenty'

Variété développée au Canada. Petits fruits ronds, de 45 à 60 grammes. Forme ses fruits à basse température, donc idéal pour les régions de montagnes ou les régions où le climat est relativement frais. *Croissance déterminée et compacte. 50 jours.*

'Tcheque'

Envoyée aux USA en 1976 par l'obtenteur tchèque Milan Sodomka. Très bonne saveur. Une des variétés les plus précoces. Bonne productivité de fruits de bonne taille.

'Washington Cherry'

Variété développée par l'université de l'État de Washington. Très belles grappes de petits fruits ronds, rouge foncé, de 25 à 30 grammes. Chair ferme et savoureuse. Très grande capacité de conservation sur la plante et après la cueillette. Pas de tuteurage. *60 jours.*

La 'Costaluto Genovese' continue de produire lorsque les températures se rafraîchissent à l'automne.

Le guide des variétés Tomates de couleur rouge

Variétés *précoces*

'Altajsky Urozajnij'
Variété originaire de Hongrie. Fruits juteux de 250 grammes, aux formes irrégulières, de type *'Beefsteak'*. Très grande productivité. *Croissance indéterminée et compacte.*

'Almetia'
Variété de type *'Roma'*. Fruits de 30 à 60 grammes. *Croissance vigoureuse et déterminée. 70 jours.*

'Aurora'
Variété sibérienne, originaire de Krasnoyarsk. Petits fruits de couleur rouge vif, de 60 à 90 grammes. Une des plus excellentes tomates. *Croissance indéterminée. 65 jours.*

'Barbaniaka'
Provient du centre agronomique de Tapioszele, en Hongrie. Variété de tomates cerises aux tout petits fruits. Saveur délicieuse. Bonne productivité.

'Basket Vee'
Variété introduite aux USA et adaptée à la conservation. Fruits de couleur rouge clair, très légèrement côtelés et à la chair ferme, de 250 grammes. Variété dont la peau se pèle facilement. Résistante à l'éclatement. *Croissance semi-déterminée.*

'Bellstar'
Variété introduite dans l'Ontario en 1984 par le docteur Metcalf. Fruits de 80 grammes, de forme légèrement pointue. Idéale pour les conserves et les sauces. Très prisée pour les régions à climat frais. *Croissance déterminée. 65 jours.*

'Coldset'
Développée en 1963 par le collège agricole de l'Ontario, au Canada. Fruits de 150 grammes. Une des tomates les plus précoces dans les régions froides. Les graines germent facilement à basse température, et peuvent ainsi être directement semées en pleine terre en mai. Intolérance aux longues périodes d'humidité. *Croissance déterminée.* Très bonne productivité. *68 jours.*

La 'Barbaniaka' est une tomate cerise de saveur délicieuse.

La 'Coldset', une des tomates les plus précoces dans les régions froides.

Le guide des variétés — Tomates de couleur rouge

La 'Corrogo', une variété très productive.

'Corrogo'

Variété de type *'Calabash'*. Fruits de 70 grammes, de forme aplatie et très côtelée. Très grande productivité.

'De Berao'

(tomate-arbre)
Variété très spectaculaire de tomates de type *'Roma'*. Les plants peuvent atteindre 4,5 m de hauteur ! *Croissance semi-déterminée.*

'Double Rich'

Tomates de 500 grammes, contenant deux fois plus de vitamine C que les autres tomates, à savoir autant que dans les oranges (de 50 à 60 unités de vitamine C, alors que la norme pour les tomates est de 12 à 25 unités). Chair ferme, avec peu de graines, délicieuse. Bonne variété pour les jus et les conserves. Adaptée aux régions à la saison de croissance courte. Bonne productivité. *60-70 jours.*

'Dunkin's Delight'

Variété de tomates à conserve. Fruits de 180 à 220 grammes. Résistante à l'éclatement. Bonne productivité. *Croissance déterminée.*

'Earliana'

Très ancienne variété développée par George Sparkes à Salem, New Jersey, et introduite en 1910. Elle est vraisemblablement issue de la variété *'Stone',* qui fut introduite par Alexander Livingstone en 1891. Elle fut à l'origine de nombreuses obtentions aux USA (la société Campbell Soup en développa une forme à feuilles de pomme de terre). Fruits rouges de taille moyenne, de 120 à 200 grammes. Tomates en grappes de 6 à 10 fruits. Très bonne variété pour le maraîchage. Adaptée aux climats frais. *Croissance indéterminée et vigoureuse.* Tuteurage. *58-70 jours.*

'Earlirouge'

Développée au Canada pour les maraîchers. Fruits rouges de taille moyenne, de 200 grammes. N'éclate pas. Quelque résistance au verticillium. Assez précoce et productive. S'adapte bien aux régions côtières. *Croissance déterminée et compacte.* Pas de tuteurage. *63-69 jours.*

'Early Red Chief'

Variété compacte produisant de nombreux fruits ronds et fermes. *Croissance indéterminée.* Pas de tuteurage. *70 jours.*

'Early Siberian'

Variété sibérienne. Fruits rouges et ronds de taille moyenne. *65 jours.*

'Eros'

Variété originaire d'Europe de l'Est, envoyée aux USA par l'obtenteur tchèque Milan Sodomka. Tomate rouge de taille moyenne, à la saveur agréable. *Croissance déterminée.*

'Fireworks'

Variété de grosses tomates assez précoces, dont l'épiderme est parfois marbré de jaune.

'Gardener's Delight'

Très belle variété de tomates cerises, produites en grosses grappes. Très bonne saveur.

'Marmande'

Variété très populaire en France. Chair ferme avec une très bonne saveur. Fruits de 250 grammes, de forme irrégulière, qui peuvent se former même à basse température. *Croissance semi-déterminée et vigoureuse.* Très bonne productivité. *65 jours.*

Une variété qui nous rappelle que la tomate s'est longtemps appelée Poma amoris.

Le guide des variétés — Tomates de couleur rouge

'Nova', parfaite pour les régions à climat frais.

'Nova'

Petite tomate précoce de type *'Roma'*, aux fruits de 60 grammes, rouge foncé. Forme de poire allongée. Variété à chair ferme, idéale pour les conserves. Parfaite pour les régions à climat frais. *Croissance déterminée et compacte.* Très bonne productivité. Résistante au verticillium. *65-75 jours.*

'Oregon Spring'

Fruits de bonne taille, de 150 à 220 grammes, juteux, de couleur rouge vif, légèrement aplatis et à la saveur douce. Variété très adaptée aux climats frais. *55-70 jours.*

'Peasant'

Variété de Sibérie produisant, sur une plante compacte, une centaine de fruits de type *'Roma'*, de 90 à 120 grammes. Idéale pour les conserves et les sauces. *Croissance déterminée. 67 jours.*

'Perestroïka'

Variété de Sibérie aux fruits rouge orangé, de 240 à 300 grammes. Très belle forme ronde. Bonne saveur et peu de graines. *Croissance indéterminée. 67 jours.*

'Peruvian Bush'

Très grande productivité de tomates cerises de grosse taille. Bonne saveur. Variété au port très buissonnant. *Croissance indéterminée.*

'Saucey'

Grappes de 5 à 10 fruits en forme de prune ovale. Variété idéale pour les sauces et les conserves. Tomate à très bonne capacité de conservation sur plant. Très bonne productivité. *Croissance déterminée. 68-85 jours.*

'Silvery Fir'

Variété très originale. Plantes de 60 cm de hauteur, qui portent un feuillage très finement ciselé rappelant celui de la carotte. Abondance de fruits de 100 grammes. *60-70 jours.*

'Starfire'

Variété développée pour les grandes plaines du Canada. Fruits de 150 à 250 grammes. Chair ferme avec peu de graines. Plantes aux grosses tiges ne nécessitant pas de tuteurage. Adaptée aux climats frais et aux sols sableux. *55-65 jours.*

'Sweetie'

Variété de tomates cerises croissant en grappes. Petits fruits très savoureux et doux. *Croissance indéterminée. 65-70 jours.*

'Wayahead'

Fruits de couleur rouge vif, un peu aplatis, de 60 à 150 grammes. Bonne productivité. *Variété à la croissance indéterminée. 70 jours.*

Variétés de mi-saison

'Abraham Lincoln'
Variété au feuillage vert bronze. Fruits de couleur rouge sombre, dont certains dépassent le kilo. Chair dense et douce. *87 jours.*

'Ace'
Variété introduite aux USA en 1953. Fruits légèrement aplatis de 250 grammes, à la peau épaisse. *Croissance déterminée. 75-90 jours.*

'Bielo Russian'
Variété de type *'Beefsteak'*, aux fruits aplatis et côtelés de 150 grammes, de forme irrégulière. Couleur rouge orange. Bonne productivité.

'Bonny Best'
Très ancienne variété. Fruits de taille moyenne, de 150 à 250 grammes, ronds, rouge vif et à la chair très ferme. Très adaptable, particulièrement dans les régions froides. Vigoureuse et très productive, très appréciée des jardiniers. Peu de feuillage. *Croissance indéterminée.* Peut se cultiver avec ou sans tuteurage. *75 jours.*

'Bruinina'
Variété originaire d'Australie. Tomate à conserve et à sauce, produisant de jolis fruits ronds de taille moyenne. *Croissance indéterminée.*

'Amish Paste'
Variété de tomate ancienne, idéale pour les conserves. Très bonne saveur. Fruits de type *'Roma'* avec peu de graines, de 180 à 240 grammes. *Croissance indéterminée. 85 jours.*

'Azure'
Variété originaire de Russie. Fruits de type *'Grosse Prune'* de 60 à 90 grammes, à la peau épaisse. Idéale pour les conserves. *75 jours.*

'Borodinsky'
Variété originaire de Russie. Fruits de 120 à 150 grammes. Bonne productivité. *75 jours.*

'Budenovka'
Variété sibérienne. Fruits de couleur rouge. *70 jours.*

'Burbank'
Très ancienne variété obtenue vers 1915 par le grand maître jardinier que fut Luther Burbank, à Santa Rosa, en Californie. Très productive dans des conditions difficiles. Lors d'un test réalisé par le semencier Seeds of Change, cette variété contenait la plus grande quantité d'acides aminés. Pas de tuteurage. *Croissance indéterminée. 80 jours.*

La 'Super Marmande' possède une chair dense et délicieuse.

'Calabash Red'
Obtention récente à partir de *'Purple Calabash'*. Fruits délicieux – bien que la forme soit peu harmonieuse –, de 125 grammes, très doux, à la peau fine. Leur saveur les classe parmi les meilleurs. *Croissance indéterminée.* Tuteurage nécessaire. *85 jours.*

'Casaque Rouge'
Variété à feuilles de pomme de terre, et de mi-saison.

'Celebrity'
Variété produisant de très beaux fruits de taille moyenne.

'Chair de Bœuf Précoce'
Variété américaine, nommée *'Bush Beefsteak'*. Fruits rouges, de 250 à 380 grammes, ronds, légèrement aplatis. Chair ferme avec très peu de graines. Bonne adaptation aux régions au climat frais. Croissance compacte, déterminée et vigoureuse. Très bonne productivité, spécialement dans des conditions de culture difficiles. *62 jours.*

'Champ Martin'
Variété à fruits très allongés de type *'Piment'*. Très peu de graines. Bonne productivité.

'Ciudad Victoria'
Originaire de Tamaulipas, au Mexique. Cette variété possède les feuilles de *Lycopersicon pimpinellifolium*, mais le fruit, de couleur rouge orange, est une tomate cerise de type *Lycopersicon esculentum*. Saveur originale.

Le guide des variétés • Tomates de couleur rouge

Cette 'Riffled Red' est une variété de 'Cœur de Bœuf', idéale à farcir.

'Chinese'
Variété à fruits très allongés de type *'Piment'*. Très bonne saveur et très peu de graines et de jus.

'Climbing Trip'
Fruits énormes à la chair très dense et à la saveur délicate pouvant atteindre 1 kilo. Variété extrêmement vigoureuse, à feuilles de pomme de terre. Les vignes peuvent atteindre 7 m ! *80-90 jours.*

'Cœur de Bœuf Géant'/'Schilling Giant'
Variété de *'Cœur de Bœuf'* produisant de très gros fruits d'environ 400 à 500 grammes. Résistante à l'éclatement. *Croissance indéterminée. 80 jours.*

'Cœur de Bœuf Géant'/'Reif Red'
Variété de *'Cœur de Bœuf'* très homogène, produisant de très gros fruits de 500 à 700 grammes, parfois plus. Saveur douce. Résistante à l'éclatement. *75 jours.*

'Cœur de Velours'
Variété produisant de très beaux fruits de belle taille.

'Costaluto Genovese'
Originaire du nord de l'Italie. Très ancienne variété, très peu améliorée et conservant une certaine variabilité quant à la forme des fruits. Tomate quelque peu aplatie. Saveur excellente. Continue de produire lorsque les températures se rafraîchissent à l'automne. *Croissance indéterminée. 80 jours.*

'Delicious'
Variété développée à partir de la variété américaine *'Beefsteak'* (ou *'Chair de Bœuf'*). Saveur délicate et chair très ferme. Les fruits, qui font 450 grammes en moyenne, peuvent atteindre aisément 1,2 kilo. Cette variété détient le record du monde, avec un fruit de 2,7 kilos. *Croissance indéterminée. 77 jours.*

'Des Andes'
Variété à fruits très allongés de type *'Piment'*. Très bonne saveur et très peu de graines et de jus. Assez sensible aux excès d'humidité en fin de saison

'Erika d'Australie'
Variété produisant de beaux fruits rouge vif de 300 grammes environ. Bonne tenue des plants en fin de saison.

'Eureka'
Variété produisant des fruits ronds de taille moyenne. Très belles grappes de 5 à 7 fruits. Idéale pour les sauces et les conserves. Très grande résistance à l'éclatement. *Croissance indéterminée. 85 jours.*

'Giant Paste'
Fruits de 180 à 300 grammes, de forme ronde ou ovale. Très bonne variété pour les conserves et les sauces. *Croissance vigoureuse et indéterminée. 72 jours.*

'Giant Pear'
Fruits à la chair ferme en forme de grosse poire.

'Goutte d'Eau'
Variété aux petits fruits très fermes de couleur rouge. Adaptée pour les conserves. Bonne productivité.

'Immune'
Variété de tomates cerises, originaire d'Europe de l'Est et envoyée aux USA en 1976 par l'obtenteur tchèque Milan Sodomka. Appelée autrefois *'Irion'*.

'Jupiter'
Variété qui nous fut confiée par Daniel André. Fruits magnifiques, produits en abondance durant tout l'été.

'Kootenal'
Variété développée à l'université de l'Idaho. Tomates de 5 à 7 cm de diamètre, très bonnes et très juteuses pour les salades. Plante très compacte, au feuillage très dense. Bonne productivité jusqu'à la fin de l'été. *Croissance déterminée. 80-85 jours.*

'Liberty Bell'
Tomate à farcir de couleur rouge, fruits de 150 grammes. Peu d'acidité. Saveur douce. Petite cavité de graines qui se retire facilement. Forme similaire au poivron. *Croissance vigoureuse et indéterminée.*

'Lida Ukrainian'
Variété originaire de l'Ukraine, produisant de beaux fruits bien ronds de 180 à 250 grammes. Bonne saveur. Très bonne productivité.

'Long Keeper'
Tomate relativement acide. Ramassée juste avant les gelées, elle peut se conserver pendant plus de 3 mois au fruitier. Les fruits entiers peuvent se mettre en conserves. Pour les régions au climat assez chaud. *78-90 jours.*

'Lumina'
Variété produisant une abondance de fruits allongés. Idéale pour les sauces et les conserves.

'Marglobe'
Très ancienne variété datant de 1927. Fruits à la chair dense, à la couleur rouge vif, de 180 à 300 grammes. Feuillage dense. *Croissance déterminée et vigoureuse. 75 jours.*

'Merveille des Marches'
Très ancienne variété. Très gros fruits de couleur rouge, à la chair rose. *Croissance compacte et vigoureuse.* Résistante à l'éclatement.

'Mexicaine'
Variété à fruits très allongés de type *'Piment'*, de très grosse taille. Très peu de graines. Bonne productivité.

'Money Maker'
Variété adaptée à la production maraîchère. Fruits de 120 grammes. Fructifie même dans des conditions climatiques peu propices. Adaptée aux régions humides. *Croissance indéterminée et vigoureuse.* Très bonne productivité. *75 jours.*

'Muscat'
Variété magnifique produisant une abondance de fruits de belle taille et de très bonne saveur jusqu'aux gelées.

'Napoli Ischia'
Tomate de type *'Chair de Bœuf'* de couleur rouge-rose. Très gros fruits de 500 à 900 grammes.

'New Zealand Pear'
Fruits en forme de grosse poire. Variété adaptée à la confection de sauces et de conserves. Plantes très vigoureuses à *la croissance indéterminée.* Tuteurage conseillé. *90 jours.*

'Olivette'
Variété de type *'Roma'*. Très grande productivité. Tomates idéales pour les sauces et les conserves.

Le guide des variétés Tomates de couleur rouge

'Olomovic'
Variété de mi-saison, originaire d'Europe de l'Est et envoyée aux USA en 1976 par l'obtenteur tchèque Milan Sodomka. Fruits de 150 grammes quelque peu aplatis. *Plante à la croissance semi-indéterminée.* Bonne productivité.

'Opal Homestead'
Ancienne variété du Kentucky, aux USA. Fruits de près de 500 grammes.

'Opalska'
Variété à fruits très allongés de type *'Piment'*. Très bonne saveur et très peu de graines et de jus.

'Orenburg Giant'
Variété originaire de la Russie occidentale, mais cultivée en Sibérie. Fruits presque ronds, de couleur rouge cramoisi et pesant de 300 grammes à 1,2 kilo. Saveur excellente. *Croissance indéterminée. 75 jours.*

'Oroma'
Fruits de 6 à 8 cm de long, souvent terminés en pointe, de 120 grammes. Les fruits se pèlent aisément et permettent de faire de très bonnes sauces. *Croissance déterminée. 85-90 jours.*

'Otraolny'
Variété originaire de Krasnoyarsk, en Sibérie. Fruits rouges parfaits, à la forme légèrement oblongue, de 90 à 120 grammes. *Croissance indéterminée. 70 jours.*

'Pantano Romanesco'
Variété originaire d'Italie du début du siècle. Fruits de taille moyenne et à la forme côtelée, de type *'Beefsteak'*. *Croissance indéterminée. 72 jours.*

'Paprika'
Fruits de taille moyenne en forme de poivron, de couleur rouge. Variété idéale pour les sauces et les conserves. *Croissance très vigoureuse.*

'Peacevine'
Une des variétés de tomates cerises qui possèdent le plus de vitamine C. Abondance de petites tomates délicieuses. Grande productivité. Haute teneur en acide aminé gamma-butyrique. *Croissance indéterminée.* Tuteurage. *75 jours.*

'Pêche Rouge'
Variété à petits fruits d'environ 50 grammes. Peau veloutée et couverte d'un duvet, comme une pêche.

'Peron'
Très ancienne variété originaire du Pérou, introduite en 1951 aux USA. Fruits de couleur rouge vif et riches en vitamines. Saveur excellente. Variété très résistante. Résistante également à l'éclatement. *Croissance indéterminée et vigoureuse.*

'Petros'
Variété de très belles tomates juteuses de forme ronde produisant jusqu'aux gelées. Fruits de taille moyenne.

'Piment'
Variété à fruits très allongés. Assez sensible aux excès d'humidité. Bonne saveur et très peu de graines.

'Pionner'
Variété originaire d'Europe de l'Est et envoyée aux USA en 1976 par l'obtenteur tchèque Milan Sodomka. Lorsque les fruits sont ramassés par temps sec avant les premières gelées, ils peuvent se conserver très longtemps au fruitier.

'Poire Rouge'
Très ancienne variété introduite avant 1865. Abondance de fruits en forme de poire. Bonne saveur. Idéale pour les conserves. Production durant tout l'été. *Croissance vigoureuse et indéterminée. 70-78 jours.*

'Popovich'
Variété sibérienne. Fruits de couleur rouge, de 250 à 400 grammes. *72 jours.*

'Prevoskodnyj'
Variété originaire de Russie. Saveur spéciale. Très belle productivité de fruits de taille petite à moyenne. *Croissance indéterminée.*

'Principe Borghese'
En Italie, c'est l'une des principales variétés de tomates à sécher au soleil ou à utiliser pour les conserves. Fruits de 30 à 60 grammes en forme de prune, croissant en grappes et très denses. Peu de jus et peu de graines. Tuteurage. *Croissance déterminée.* Les plants peuvent être mis à sécher dans un endroit sec. *75 jours.*

'Pritchard'
Très ancienne variété datant des années 30. Fruits de couleur rouge vif. Résistance à l'éclatement et aux maladies. *Croissance déterminée. 67-75 jours.*

'Prune Rouge'
Très ancienne variété introduite avant 1865. Fruits de 30 grammes, en forme de prune ovale de couleur rouge. Peu de graines. Idéale pour les salades et pour les conserves. Abondance de fruits en grappes. *Croissance indéterminée. 75 jours.*

'Pusa Ruby'
Variété originaire d'Inde. Petits fruits pleins de graines. Très productive et *à croissance indéterminée.* Très bonne conservation.

La 'Poire Rouge' assure une production durant tout l'été.

Le guide des variétés Tomates de couleur rouge

Une variété qui ne demande pas de tuteurage.

'Red Siberian'
Variété de Sibérie aux fruits rouges de grosse taille pesant souvent plus de 500 grammes. Très belle tomate *à la croissance indéterminée. 70 jours.*

'Red House Free Standing'
Fruits fermes, juteux et délicieux, portés par une vigne très robuste. Pas de tuteurage. Feuillage très dense, qui protège les fruits contre les brûlures du soleil. Très tolérante à la chaleur, à l'éclatement et au fusarium. Pour les régions à l'été torride. *75-85 jours.*

'Red Supreme'
Variété originaire d'Europe de l'Est et envoyée aux USA en 1976 par l'obtenteur tchèque Milan Sodomka. Connue auparavant sous le nom *'Edelrot'*. Fruits de taille moyenne. Pas de tuteurage. Peu adaptée aux excès d'humidité.

'Reinette Fruitée'
Souche confiée par Daniel André. Variété aux très beaux fruits de taille moyenne.

'Roi Humbert'
Très ancienne variété de fruits de couleur rouge écarlate, en forme d'œuf. Idéale pour les sauces et les conserves. Très bonne capacité de conservation et très bonne productivité.

'Roma Paste'
Variété très réputée, idéale pour les conserves et les sauces. Fruits rouges et oblongs de 45 grammes. Très bonne saveur. *85 jours.*

'Ropreco Paste'
Bonne variété pour les sauces ou pour les conserves. Les plantes ont un développement de 1,20 m. Plus précoce que *'San Marzano'*. Très bonne productivité. *Croissance déterminée.* Pas de tuteurage ou de taille. *70 jours.*

'Rouge d'Irak'
Variété produisant des fruits juteux, de 300 grammes environ et de forme bien ronde.

'Saint-Mar'
Variété très productive de tomates allongées à chair très ferme. Idéale pour les sauces et les conserves.

'Saint-Pierre'
Ancienne variété très prisée par les jardiniers. Gros fruits de très belle qualité. Demi-hâtive.

'Salad Master'
Fruits de taille moyenne *à la croissance déterminée. 75 jours.*

'Salt Spring Sunrise'
Variété buissonnante produisant des fruits d'assez grosse taille.

'Stone'
Très ancienne variété introduite aux USA à la fin du XIXe siècle par Livingston Seed Company (Ohio). Fruits denses et ovales. Idéale pour les conserves. Très bonne capacité de conservation. Bonne résistance. Croissance vigoureuse. Très bonne productivité. *85 jours.*

'Super Marmande'

Variété française aux fruits de couleur rouge vif de 200 à 250 grammes. Chair dense et délicieuse. Bonne productivité. Résistance au fusarium et au verticillium. *70-75 jours.*

'Thessaloniki'

Variété développée en Grèce. Fruits de 150 grammes, doux, fermes et juteux. Très bonne saveur. Idéale pour le stockage. Résistance à l'éclatement. Tuteurage non nécessaire. *Croissance indéterminée* et très bonne résistance. *68 jours.*

'Tecoh Tepee'

Variété à petits fruits de formes diverses. *Croissance indéterminée.*

'Trèfle du Togo'

Variété produisant une abondance de fruits ayant plus ou moins la forme d'une feuille de trèfle : certains sont plats et lobés, d'autres plutôt ronds et non lobés. *Croissance indéterminée.*

'Trophée'

Variété introduite en 1870. Gros fruits en forme de globe. *Croissance indéterminée. 83 jours.*

'Uralskij Mnogoplodnij'

Variété originaire de Russie. Grande abondance de petits fruits à la saveur spéciale : mélange d'acidité et de sucré. *Croissance indéterminée. 70 jours.*

'Uribikany'

Variété précoce originaire d'Europe de l'Est et envoyée aux USA en 1976 par l'obtenteur tchèque Milan Sodomka. Saveur douce. Fruits de 80 grammes. *Croissance compacte et déterminée. 70 jours.*

'Varen Blad'

Variété produisant une abondance de fruits de taille moyenne. Feuillage très ciselé et très fin, rappelant le feuillage de la carotte. Port très bas, presque rampant.

La tomate 'Des Andes' a la forme d'un piment.

'Victory'

Variété originaire de l'île Sakhaline. Fruits de 180 à 240 grammes, de couleur rouge orangé, légèrement aplatis et au parfum unique. Mélange parfait d'acidité et de douceur. Saveur quelque peu citronnée. *72 jours.*

'Zakopane'

Fruits de couleur rouge, aplatis et extrêmement côtelés, de la forme d'un poivron. Ils sont plus ou moins creux à l'intérieur, idéals pour les farces. Saveur douce. Très bonne productivité.

La tomate de type 'Roma' est très réputée pour les conserves et les sauces.

Le guide des variétés Tomates de couleur rouge

Les variétés 'Cœur de Bœuf' produisent de très beaux fruits, de belle taille.

Variétés *tardives*

'Chair de Bœuf'

Variété américaine nommée *'Beefsteak'*, issue de la variété *'Ponderosa'*. Chair ferme, avec très peu de graines. Très grosses tomates pouvant atteindre 1 kilo. *Croissance indéterminée.* Tuteurage nécessaire. *100 jours.*

'Cœur de Bœuf'

('Oxheart')
Variété introduite en 1925. Tomate rouge-rose en forme de cœur de bœuf très caractéristique. Les fruits sont généralement assez gros, cependant certains plants portent des fruits de taille moyenne. Variété très prisée grâce à sa chair très ferme et son peu de graines. *Croissance indéterminée. 80-95 jours.*

'Cœur de Bœuf Ukrainien'

Fruits en forme de cœur de bœuf de taille moyenne. Très belle saveur. Chair ferme. *Croissance indéterminée.*

'Cuostralee'

Variété de type *'Chair de Bœuf'* dont les fruits sont énormes. Chair très dense et à la saveur délicate. *90 jours.*

'Dix Doigts de Naples'

Tomate rouge, idéale pour les conserves. Grappes de fruits ovales et allongés. *Croissance indéterminée.* Maturité tardive.

'Dutchman'

Très gros fruits à la chair ferme. Variété de fin d'automne. Tuteurage indispensable.

'Ingegnoli Gigante Liscio'

Développée à partir des variétés *'Ponderosa'* et *'Saint-Louis'* au début du XXe siècle. Fruits de 700 à 800 grammes, de couleur rouge, lisses et charnus.

'Julia'

Fruits d'environ 100 grammes sur des plantes de 1,20 m de hauteur.

Une tomate idéale pour les conserves.

Tomates de couleur rouge

'Lisa King'
Gros fruits lisses à la chair ferme de 240 à 300 grammes. Variété d'automne résistante à l'éclatement et très vigoureuse. *Croissance déterminée. 95-100 jours.*

'Mont Athos'
Variété originaire de Grèce. Fruits assez gros, de formes variées, à la chair ferme.

'Palestinian'
Variété produisant des fruits énormes de couleur rose-rouge ayant quelque peu la forme d'un cœur. Saveur excellente.

'Pearson Improved'
Fruits aplatis de 200 grammes. Très bonne saveur. Variété très résistante et adaptée à des régions semi-arides. Croissance vigoureuse. *78-93 jours.*

'Potiron Écarlate'
Tomate géante qui peut dépasser 1 kilo. Chair ferme, peu de graines. Idéale pour les farces.

'Scarlet Beef'
Gros fruits de type *'Beefsteak'*, à la chair dense et de couleur rouge vif.

'Super Sioux'
Variété très impressionnante de tomates rouges, qui produit en abondance jusqu'aux premières gelées. Résistance à l'éclatement. Très bonne vigueur. *Croissance indéterminée. Tuteurage. 75 jours.*

'Super Colosse'
Fruits très juteux et de très grosse taille. Croissance vigoureuse.

'Visitation Valley'
Petits fruits ronds et de couleur rouge vif. Chair dense et douce. Bonne saveur. *105-125 jours.*

Une variété très résistante et adaptée aux régions semi-désertiques.

'La Potiron Écarlate', une tomate géante qui peut dépasser 1 kilo.

Tomates de couleur rose à violette

Variétés précoces

'Anna Russian'
Belle variété originaire de Russie. Fruits de couleur rose pâle, à la forme variable de globe ou de cœur. Cœur rouge et dense de bonne saveur. Feuillage peu dense et productivité moyenne. *Croissance indéterminée. 64 jours.*

'Gregori Altai'
Variété sibérienne, originaire des montagnes Altai (près de la Chine). Saveur délicieuse. Chair ferme. Gros fruits de 240 à 300 grammes de couleur violacée. L'importante densité de son cœur permet de couper en très fines tranches cette tomate de type *'Beefsteak'*. *Croissance indéterminée. 67 jours.*

'Grushovka'
Variété sibérienne très populaire autour du lac Baïkal. Plantes magnifiques et compactes atteignant 80 cm de hauteur et produisant une quarantaine de fruits oblongs, de couleur rose, à la saveur excellente, de 180 à 250 grammes. *Croissance déterminée. 67 jours.*

'Jumbo'
Fruits de taille moyenne. Bonne productivité et *croissance déterminée. 65 jours.*

'Maritime Pink'
Variété sibérienne très belle de couleur rose. Fruits de 150 à 200 grammes. Saveur quelque peu citronnée. *Croissance indéterminée. 69 jours.*

'Oaxacan Rose'
Variété originaire du Mexique, aux petits fruits de forme plus ou moins aplatie. Chair quelque peu marbrée. Grande productivité.

'Podland Pink'
Variété polonaise produisant une abondance de petits fruits, en grappes, de forme oblongue et d'une couleur assez originale allant vers le rose à maturité complète. Très résistante à la sécheresse.

'Zaryanka'
Une des tomates les plus magnifiques dans nos variétés sibériennes. Zaryanka signifie en russe « lever de soleil ». Bonne précocité. Couleur rose-rouge. Fruits de 100 à 180 grammes. *Croissance semi-déterminée. 65 jours.*

Variétés de mi-saison

'Arkansas Traveler'
Très ancienne variété de délicieuses tomates roses. Fruits aplatis. Très bonne variété adaptée aux régions chaudes et humides. Bonne résistance aux maladies et à l'éclatement. *Croissance indéterminée. 75-80 jours.*

'Brandywine'
Tomate rose à la saveur très fine. Fruits de plus de 500 grammes. Elle est considérée comme une des meilleures tomates. *Croissance indéterminée* et tuteurage. *80 jours.*

Cette très ancienne variété de tomates est devenue le symbole de la préservation des anciennes variétés aux USA. Elle était la favorite de Ben Quisenbury, qui vivait en Nouvelle-Angleterre et qui a conservé des centaines de variétés de 1910 à 1960. Il mourut à l'âge de 95 ans, léguant toutes ses variétés au Seed Savers' Exchange. Malgré la mythologie entourant cette variété et son origine présumée dans la communauté amish, c'est en réalité une variété introduite commercialement en janvier 1889 par une firme de Philadelphie. La variété *'Sterling Old German'* de la communauté mennonite de l'Illinois est sans doute issue de *'Brandywine'* et d'un autre géniteur (inconnu). Elle est moins parfumée que cette dernière, mais plus adaptée aux conditions climatiques humides. Il existe également une sélection appelée *'Sudduth's Brandywine'*, plus adaptée aux conditions de culture des États du sud des USA. Quant à la variété appelée *'Red Brandywine'*, elle ne semble pas liée génétiquement à la *'Brandywine'* originelle. Enfin, *'Brandywine'* produisit une mutation jaune, au début du XXe siècle, appelée *'Yellow Brandywine'*, beaucoup moins productive cependant que sa parente.

'Boondocks'

Fruits de 500 à 900 grammes. Saveur douce. Bonne productivité. *Croissance indéterminée* et feuilles de pomme de terre. *80 jours.*

'Brimmer'

Très ancienne variété. Introduction en Virginie (USA) vers 1889, issue peut-être de la variété *'Ponderosa'*. Les fruits peuvent atteindre 10 cm de diamètre et 1,3 kilo. Ils sont de couleur rose-violet. Chair très ferme, peu de graines et presque pas de cœur. Plants très vigoureux. *Croissance indéterminée. 80-82 jours.*

'Eva's Purple Ball'

Originaire d'Allemagne. Abondance de grappes de fruits ronds, de couleur rose et à la saveur excellente. *Croissance vigoureuse et indéterminée.*

'Fuzzy'

('Pêche Rose')
Variété à petits fruits d'environ 50 grammes. Peau duveteuse et veloutée comme une pêche.

'June Pink'

('Earliana Pink')
Variété introduite en 1900 et très populaire pour la vente sur les marchés. Tomates de 120 grammes, de couleur rose, poussant en grappes de 6 à 10 fruits. Résistance à l'éclatement. Productivité sur une longue période. *Croissance indéterminée et vigoureuse. 68-74 jours.*

'Marizol Purple'

Ancienne variété originaire d'Allemagne. Fruits de forme ovale et de couleur rose tirant sur le violet. Feuilles de pomme de terre. *Croissance indéterminée.*

'Micado Violettor'

Très ancienne variété originaire d'Australie. Gros fruits de couleur violacée, à la saveur excellente. Feuillage abondant de type pomme de terre. Tardive, elle convient plus aux régions au climat chaud. Très bonne résistance. *Croissance indéterminée et vigoureuse. 80 jours.*

'Mission Dike'

Variété aux fruits assez gros de couleur rose, à la saveur douce. Résistance aux maladies et à la sécheresse. *Croissance indéterminée et vigoureuse. 70 jours.*

'Olirose de Saint-Domingue'

Variété de tomates de 50 grammes, ovales et quelque peu pointues. Fruits de couleur rose-rouge. Idéale pour les conserves. Très productive.

La 'Brandywine' est considérée comme une des meilleures tomates.

Le guide des variétés Tomates de couleur rose à violette

'Pearly Pink Cherry'
Variété de tomates cerises, de couleur rose et de 2 cm de diamètre. Très productive.

'Pink Ping Pong'
Variété très productive de fruits de la taille d'une balle de ping-pong et de couleur rose. Très bonne saveur. *Croissance indéterminée. 85 jours.*

'Porter Pink'
Variété de tomates roses aux fruits de taille moyenne (80 à 90 grammes). Moyennement précoce. Résistante à l'éclatement. *80 jours.*

'Purple Perfect'
Très belle variété aux fruits ronds et à la peau lisse de couleur rose foncé. Feuilles de pomme de terre. Grande productivité. *Croissance indéterminée. 85 jours.*

'Rose'
Selon le semencier Johnny's, cette variété rivalise quant à la saveur avec *'Brandywine'*. La qualité de la chair est identique, ainsi que la taille des fruits. *78 jours.*

'Rose de Berne'
Une des variétés les plus savoureuses, aux fruits de taille moyenne et de couleur rose. Très bonne productivité.

'Rose Japonaise'
Variété produisant une abondance de fruits roses, de forme ronde et de 180 grammes.

'Soldaki'
Ancienne variété originaire de Krakow, en Pologne. Gros fruits de 500 grammes, de couleur rose. Très bonne saveur. Feuillage de pomme de terre. Tendance à l'éclatement. *Croissance indéterminée et vigoureuse. 75 jours.*

'Thai Pink'
Variété originaire de Thaïlande, produisant une abondance de petits fruits ovales de 60 grammes et de couleur rose. Saveur douce. *75 jours.*

'Vermillion'
Fruits de couleur rose, de 250 à 500 grammes. Bonne saveur. *Croissance indéterminée.*

'Violaceum'
Variété dont le feuillage, de couleur vert clair argenté, est assez original. Fruits rose-rouge de taille moyenne.

'Wheatly Frost Resistant'
Variété très productive de fruits en forme de prune allongée. *Croissance indéterminée. 70-80 jours.*

'Zapotec Pink Ribbed'
Très ancienne variété, originaire d'Oaxaca, au Mexique. Fruits de couleur rose, aplatis et extrêmement côtelés, de la forme d'un poivron. Peu de graines, certains étant presque vides, prêts à accueillir la farce.

'Zapotec Pleated'
Cultivée originellement chez le peuple zapotèque du Mexique. Variété extrêmement proche la précédente, avec cependant, dans cette souche, des variations quant à la forme des fruits. Grande et belle tomate de couleur rose. Peut être farcie comme un poivron. *80-85 jours.*

Variétés *tardives*

'Chair de Bœuf' 'Una Hartsock'
Fruits très savoureux, à la chair ferme et aux belles formes. *Croissance indéterminée.*

'Cœur de Bœuf'/'Akers'
Fruits de 500 à 700 grammes. Feuillage très fin et ciselé. Très bonne productivité. *90 jours.*

'Cœur de Bœuf'/'Berkshire'
Fruits de 100 à 200 grammes. Bonne productivité. *Croissance indéterminée. 80 jours.*

'Cœur de Bœuf'/'Russe'
Variété aux fruits de 250 à 400 grammes en forme de cœur de bœuf. Chair ferme. *Croissance indéterminée.*

'Cœur de Bœuf'/'Slankard'
Fruits de 500 à 700 grammes. Bonne productivité. *Croissance indéterminée. 80 jours.*

'Cœur de Bœuf'/'Sweet Heart'
Fruits de 200 à 500 grammes. Très bonne productivité. *90 jours.*

'Cœur de Bœuf'/'Yasha Yougoslavian'
Variété aux fruits de 300 à 800 grammes en forme de cœur de bœuf. Chair savoureuse et dense. Très bonne productivité.

'Magellan Burgess Purple'
Tomate de type *'Chair de Bœuf'*. Gros fruits à la chair très ferme. Bonne productivité.

La 'Ponderheart' est originaire du Japon.

'Pruden's Purple'

Très ancienne variété, idéale pour les salades. Fruits très parfumés, certains dépassant les 500 grammes, de couleur rose foncé à maturité avec des teintes violettes. Chair avec très peu de graines. Résistante à l'éclatement. Feuillage de pomme de terre. *Croissance indéterminée et vigoureuse. 70-80 jours.*

'Pomme d'Amour'

Tomate qui a été isolée pendant un siècle dans les îles Canaries. Une des « *pommes d'amour* » historiques de la période coloniale de l'Europe. Très grande productivité de petites tomates roses et juteuses. *95 jours.*

'Ponderheart'

Variété originaire du Japon. Fruits de taille moyenne et de couleur rose. Peu d'acidité. Chair ferme avec peu de graines.

'Ponderosa Pink'

Introduite en 1891. Variété de très grosses tomates roses (certains fruits atteignent 1 kilo). Forme irrégulière, avec peu de graines. Chair douce, ferme et dense. Adaptées aux régions humides. Peu de résistance à l'éclatement. Très bonne productivité. *Croissance indéterminée. 80-100 jours.*

Tomates de couleur noire

Variétés *de mi-saison*

'Black Prince'
Originaire de Russie. Variété aux fruits de 100 à 150 grammes, très sombres et de belle forme ronde et légèrement pointue. Chair de couleur rouge-brun très foncé. C'est une des variétés de tomates les plus douces. *Croissance indéterminée. 70-80 jours.*

'Brown Flesh'
Très belle variété de tomates à farcir de couleur sombre marbrée de vert et d'or. La plupart des fruits sont à trois lobes, contenant peu de graines et prêts à accueillir la farce. Certains fruits ont une forme plus arrondie. *75 jours.*

'Cherokee Purple'
Très ancienne variété, du XIXe siècle, réputée avoir été développée par la tribu des Cherokee. Fruits très juteux d'une excellente saveur. Intérieur du fruit nuancé de brun, de violet et de rose. *Croissance indéterminée. 72 jours.*

'Indishe Fleish'
Variété originaire d'Allemagne. Chair de couleur rouge-brun très foncé. Fruits de 200 à 500 grammes. Peu de résistance à l'éclatement. *Croissance indéterminée. 75 jours.*

'Noire de Crimée'
Variété aux fruits très sombres et de belle forme ronde. Chair de couleur rouge-brun très foncé. C'est une des variétés de tomates les plus douces. Elle est très appréciée des enfants en raison de son absence d'acidité. Malgré la bonne taille de ses fruits, de 250 à 500 grammes, elle est relativement précoce. Très bonne résistance à la sécheresse et très bonne productivité. *Croissance indéterminée. 70-80 jours.*

'Prune Noire'
Originaire de Russie. Grappes de fruits, de forme ovale et de 60 grammes. Chair de couleur rouge-brun très foncé. Très bonne productivité. Bonne résistance à l'éclatement. *Croissance indéterminée. 80 jours.*

'Southern Nights'
Originaire de Russie. Variété proche de la *'Noire de Crimée'*, aux feuilles de pomme de terre, parfois à feuilles normales. Chair de couleur rouge-brun très foncé. Bonne productivité. *Croissance déterminée. 80 jours.*

La 'Noire de Crimée' est très appréciée des enfants en raison de son absence d'acidité.

Variété *tardive*

'Purple Calabash'

Variété aux fruits de couleur rose-violet, allant jusqu'au bronze ou au chocolat à maturité totale. Fruits à la forme tourmentée d'environ 100 grammes. Très grande productivité. Très bonne conservation et très bonne résistance à la sécheresse et à l'éclatement. *80-90 jours.*

Une variété dite 'Noire Charbonneuse'.

Tomates de couleur verte

Variétés *de mi-saison*

'Evergreen'
(*'Emerald Evergreen'*)
Variété aux fruits de couleur vert ambre à maturité et de taille moyenne. Chair de couleur vert émeraude, très ferme. Très bonne saveur. Idéale pour les conserves et les salades. *Croissance indéterminée et vigoureuse. 72 jours.*

'Gold and Green'
Variété aux fruits de forme irrégulière. Épiderme de couleur bronze et chair de couleur verte. Plante buissonnante, presque rampante. *75 jours.*

'Green Grape'
Variété ancienne aux très petits fruits, de couleur vert-jaune, en grappes similaires à du raisin. Saveur peu commune. Culture facile. *78 jours.*

'Lime Green'
Variété à la croissance très compacte. Fruits de couleur jaune et vert, d'environ 100 grammes. Saveur douce. Bonne productivité. *85 jours.*

'Raisin Vert'
Variété très proche de *'Green Grape'*, avec des fruits un peu plus gros. Saveur très douce.

Variétés *tardives*

'Aunt Ruby's German Green'
Variété aux très gros fruits de 200 à 400 grammes, de couleur vert clair légèrement teinté de jaune-rose. Cœur rose. *Croissance indéterminée et vigoureuse. 80-90 jours.*

'Green Pineapple'
Fruits de type *'Chair de Bœuf'*, à l'épiderme de couleur vert marbré de jaune. Saveur très riche. Port assez buissonnant. *Croissance indéterminée.*

'Green Skin Longkeeper'
Variété dont les fruits ont un épiderme vert et très épais. Chair de couleur rosée. Idéale pour la longue conservation.

La 'Raisin Vert' se présente en grappes, comme le raisin.

Tomates de couleur blanche

Variété *précoce*

'Petite Pomme Blanche'
Variété au port très buissonnant, produisant une abondance de très petits fruits de la taille d'une cerise et de couleur blanc-jaune.

Variétés *de mi-saison*

'White Wonder'
Fruits de forme aplatie et crénelée, de couleur blanche et de 100 grammes environ. Saveur douce.

'Cherry Ghost'
Tomate cerise de couleur blanche teintée de jaune et de rouge. Saveur douce. Plantes de 1,50 m de hauteur. Très bonne productivité.

'Douce de Picardie'
Fruits ronds et lisses, de taille moyenne et de couleur blanc crème. Saveur douce. Bonne productivité.

'Grosse Blanche'
Gros fruits de type *'Beefsteak'* de 400 à 800 grammes. Saveur douce. Bonne productivité.

'Pêche Blanche'
Fruits de la taille d'une pêche, de couleur blanc crème, avec un épiderme légèrement duveteux.

'Transparent'
Très grandes plantes produisant des fruits de couleur jaune pâle à maturité, de 60 à 120 grammes. Épiderme légèrement duveteux. Bonne productivité.

La 'Yan Blanche' est une tomate très charnue.

Variété *tardive*

'White Princess'
Gros fruits de type *'Beefsteak'* de 400 à 800 grammes. Couleur blanche, teintée parfois de rose de par l'exposition au soleil. Belle saveur. Très bonne productivité. *Croissance indéterminée. 110 jours.*

La 'White Wonder' a une saveur douce.

Tomates de couleurs bigarrées

Variétés *précoces*

'Isis Candy Cherry'
Tomate cerise marbrée de rouge et de jaune. Bonne productivité.

'Tigerella'
(*'Mr. Stripey'*)
Originaire d'Angleterre. Abondance de fruits rouge strié d'orange. Très bonne résistance. *Croissance indéterminée. 55 jours.*

'Tiger Tom'
Fruits à maturité de couleur rouge rayé de jaune, de 60 grammes. Cœur rouge et juteux. *Croissance indéterminée. 65 jours.*

Variétés *de mi-saison*

'Deweese Streaked'
Gros fruits marbrés de rouge et de jaune. Belle saveur. *Croissance indéterminée. 90 jours.*

'Green Zebra'
Magnifique variété aux fruits de couleur vert zébré de jaune-vert clair. Chair de couleur vert émeraude. Saveur douce. *75-85 jours.*

'Marizol Gold Cherry'
Variété de grosses tomates cerises à fruits marbrés de jaune, d'orange et de rouge. Certains fruits sont un peu aplatis. Saveur douce.

'Pink Grapefruit'
Ancienne variété retrouvée il y a peu. Fruits de taille moyenne, de 120 à 180 grammes, à la peau jaune et à la chair rose, comme les pamplemousses. Saveur douce excellente. *75 jours.*

En haut : La 'Green Zebra' est une tomate vert émeraude, zébrée de jaune-vert.

En bas : La 'Tigerella' est une variété résistante.

Le guide des variétés Tomates de couleurs bigarrées

La 'Ruby Gold' est une tomate de type 'Chair de Bœuf'.

'Striped German'

Très ancienne variété de tomates bicolores. La peau est jaune et rouge, l'intérieur jaune avec un cœur rouge. Saveur excellente. Fruits assez gros. Une des plus belles tomates. Variété tardive plus adaptée aux régions chaudes. *Croissance indéterminée. 75 jours.*

'Tiger Stripe'

Fruits à maturité de couleur rouge rayé de jaune, de 60 grammes. *Croissance indéterminée.*

'Tigerette'

Plantes naines produisant des fruits marbrés de jaune et de rouge. Feuillage de couleur vert clair.

'Tonnelet'

Tomates allongées, striées de rouge et de jaune, de 60 à 90 grammes. Très bonne productivité.

Variétés *tardives*

'Ananas'

('Pineapple')
Variété très originale aux gros fruits pouvant atteindre 1 kilo, de couleur jaune marqué de rouge. Chair très ferme de couleur jaune strié de rouge, ressemblant à la chair de l'ananas. Feuilles de pomme de terre.

'Marvel Striped'

Très ancienne variété, originaire des peuples Zapotec, au Mexique. Tomates de plus de 450 grammes, de couleur jaune orangé rayé de rouge vif. Fruits en forme de cœur, savoureux et juteux, avec une chair de plusieurs couleurs et peu de graines. Requiert une longue saison. Plants très productifs et vigoureux, *à la croissance indéterminée. 90 jours.*

'Ruby Gold'

Fruits de type *'Chair de Bœuf'*. Couleur jaune marbré de rouge. Bonne productivité. *90 jours.*

'Schimmeig Creg'

Variété très belle et très productive de fruits de type *'Prune'* de 60 grammes, de couleur rouge bigarré de jaune et d'orange. Chair rouge. Saveur douce. *Croissance indéterminée. 80 jours.*

'Schimmeig Striped Hollow'

Variété produisant des fruits de 80 à 120 grammes, creux, en forme de poivron, de couleur jaune et rouge. Idéale pour les tomates à farcir. *Croissance indéterminée. 85 jours.*

La 'Schimmeig Striped Hollow' est en forme de poivron.

« *La meilleure cuisine est celle qui tient compte des produits de la saison.* »

Fernand Point
(1897-1955)

41 *amoureux* de la *tomate*

Les *gestes* du cuisinier

Comment cuisiner la tomate ?

Comment la choisir ?

D'abord, regardez-la. Sa peau doit être brillante, lisse, sans tache et de couleur uniforme, sauf bien sûr pour les variétés anciennes, qui vous offriront la saveur la plus fine. Ensuite, une tomate doit être ferme au toucher, mais juteuse.

Comment la conserver ?

Jamais au réfrigérateur, cela affecterait sa saveur. Conservez-la à température ambiante, par exemple dans un panier bien aéré. Sachez qu'une tomate molle ou à la peau éclatée sera la meilleure base pour une sauce ou un jus !

Si nous vous avons convaincu de cultiver vos propres tomates, voici un précieux conseil : cueillez toutes les tomates vertes avant les premières gelées et placez-les tête en bas dans un endroit frais *(idéalement, la cave ou le cellier)*. Ainsi rangées, vos tomates mûriront lentement et pourront être dégustées pendant plusieurs semaines.

Comment l'épépiner ?

Taillez à l'aide d'un petit couteau pointu un cône autour du pédoncule afin de le retirer en même temps que la partie dure de la chair située à cet endroit. Retournez ensuite la tomate pour la vider plus facilement de ses pépins.

Comment la monder ?

Retirez le pédoncule et faites un X à l'aide d'un couteau à la base de la tomate [1]. Plongez la tomate (tête en bas) pendant 15 secondes dans une casserole d'eau en ébullition à l'aide d'une écumoire [2], puis passez-la rapidement dans de l'eau froide (au besoin rafraîchie de quelques glaçons) et égouttez-la : vous pouvez alors la peler aisément [3].

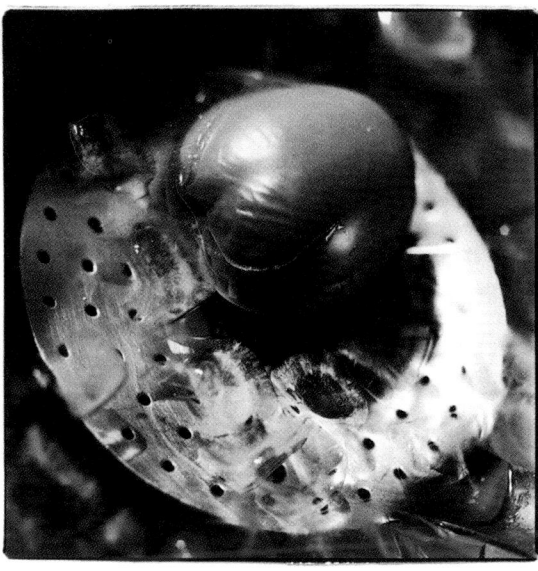

Voici une méthode plus rapide : pour retirer la peau facilement, piquez la tomate – pédoncule retiré – au bout d'une fourchette et tenez-la au-dessus d'une flamme, en la tournant comme pour la rôtir [4]. Ne prolongez pas l'opération, la tomate cuirait. Vous pouvez ensuite couper la tomate en quartiers, puis retirer les graines et la pulpe afin de ne conserver que la chair [5].

Comment la mettre en conserve ?

Sélectionnez les tomates les plus savoureuses du jardin. Mondez-les, gardez-les entières et plongez-les dans une casserole d'eau bouillante pendant 5 à 10 minutes, en fonction de la variété et de la taille des tomates choisies. En vous aidant d'une louche, versez les tomates cuites dans des bocaux, préalablement lavés et ébouillantés, en laissant un espace d'environ 1 centimètre au sommet du bocal. Stérilisez ensuite les bocaux remplis en les immergeant dans un grand récipient rempli d'eau chaude, que vous porterez à ébullition. Maintenez la température à 100 °C pendant 40 minutes, puis laissez les bocaux refroidir dans l'eau afin que le vide se fasse doucement. Conservez-les dans un endroit sombre et frais *(à la cave ou au cellier)*.

Comment préparer des tomates confites ?

Pelez une grosse gousse d'ail et détaillez-la en tranches d'environ 2 millimètres d'épaisseur *(vous obtenez ainsi des pétales d'ail)*. Mélangez à 10 cl d'huile d'olive 1 cuillerée à soupe de thym frais effeuillé. Mondez 6 tomates bien mûres et coupez-les en quatre, puis épépinez-les. Posez-les alors sur une plaque allant au four, salez, sucrez légèrement et déposez sur chaque morceau de tomate un pétale d'ail. Badigeonnez les escalopes de tomate du mélange d'huile d'olive et de thym à l'aide d'un pinceau, et faites-les confire dans un four pendant 4 heures à 100 °C (th. 1).
*Merci à **Jean-Marie Amat** pour nous avoir guidés.*

Comment obtenir du concentré de tomates ?

Placez 1,5 kg de tomates entières, 1 oignon et 1 branche de céleri dans une sauteuse, ajoutez une pincée de sucre et laissez mijoter pendant 30 minutes, jusqu'à ce que la sauce épaississe. Passez-la alors au tamis fin, puis remettez à cuire doucement, en remuant à l'aide d'une cuillère en bois, jusqu'à l'obtention d'une sauce épaisse aux saveurs concentrées *(comptez environ 15 minutes)*.

Et pour des tomates séchées au soleil ?

Retirez le pédoncule des tomates et coupez-les en quatre. Déposez-les sur une grille à pâtisserie, que vous placerez dans un endroit très chaud et ensoleillé. Protégez-les des insectes en les recouvrant d'une toile fine, et laissez-les sécher pendant 4 jours, en les retournant tous les jours.
Attention, si vous habitez dans une région où les nuits sont humides, pensez à rentrer vos tomates.

Comment réaliser une concassée de tomates ?

Mondez des tomates bien mûres, épépinez-les et hachez-les grossièrement au couteau : vous obtenez ainsi votre concassée de tomates.

Et pour un coulis de tomates ?

Nous avons prié le « *pape de la tomate* » à Avignon, **Christian Étienne,**
de nous faire partager sa recette de coulis.

Pour 3 litres de sauce, il vous faut 6 kilos de tomates bien mûres, 200 grammes d'oignons jaunes,
2 branches de céleri, 5 pistils de safran, 8 gousses d'ail, 200 grammes de jambon cru, 2 cuillerées
à soupe d'huile d'olive, 1 piment oiseau, du sel et du poivre, 1 cuillerée à soupe de miel de lavande,
du thym, du laurier et un bouquet de marjolaine.
Détaillez le jambon cru en dés, blanchissez-les rapidement à l'eau bouillante et égouttez-les.
Épluchez et hachez les oignons, épluchez et écrasez l'ail, détaillez le céleri en petits cubes.
Mondez les tomates, coupez-les en quartiers et épépinez-les.
Faites blondir les dés de jambon cru dans une grande marmite avec l'huile d'olive.
Ajoutez ensuite les oignons et faites-les roussir. Ajoutez alors les tomates, les divers ingrédients
et les aromates, et faites cuire pendant 1 h 30 sur feu doux.
Laissez refroidir, puis passez au presse-purée et réservez jusqu'à usage.

Comment faire son propre tomato ketchup ?

À partir des réflexions gourmandes de **Jeffrey Steingarten,**
explorateur du goût et des saveurs pour le magazine *Vogue*, à New York.

Pour obtenir 1 litre de ketchup, choisissez 5 kilos de tomates très mûres.
Retirez les pédoncules, hachez-les grossièrement et placez-les dans une grande casserole
(d'une contenance d'au moins 4 litres). Couvrez et portez à ébullition, puis faites cuire
à haute température pendant 10 minutes. Tournez régulièrement à l'aide d'une cuillère en bois,
jusqu'à ce que les tomates concassées rendent leur jus.
Filtrez une première fois dans une passoire fine ; réservez le liquide. Filtrez une deuxième fois
la pulpe, afin d'éliminer la peau et les pépins, en pressant fortement à l'aide d'une louche.
Remettez la pulpe dans la grande casserole, ajoutez le jus de tomate, 4 gousses d'ail et 1 oignon,
le tout haché grossièrement, 1 verre à moutarde de vinaigre de cidre, 1 cuillerée à café de poivre
noir, 1 cuillerée à thé de quatre-épices, 8 clous de girofle, 1/4 de cuillerée à thé de poivre
de Cayenne, 1 pincée de gingembre en poudre et 2 cuillerées à café de sel.
Laissez mijoter pendant 30 minutes, jusqu'à ce que le mélange diminue de moitié et devienne
sirupeux. Filtrez encore si besoin est, afin d'extraire le liquide restant. Ajoutez alors 6 cuillerées
à soupe de sucre en poudre. Mélangez, remettez à cuire pendant 15 minutes sur feu doux,
jusqu'à ce que le ketchup réduise encore d'un tiers. Pour finir, versez le mélange dans un mixer
et faites turbiner pendant quelques minutes afin d'obtenir la texture authentique d'un vrai tomato
ketchup industriel !...

Passato

Jean-Bernard Hebey - Paris

Pour environ 10 bocaux de 0,5 litre (ou 5 bocaux de 1 litre)

6 kg de tomates mûres (eurêka, amish, paste ou bellstar)

1
Lavez les tomates, coupez-les en deux ou en quatre selon leur grosseur, puis disposez-les au fond d'un grand faitout en inox et immergez-les d'eau froide (l'eau doit les dépasser de 3 cm). N'ajoutez ni sel ni poivre pour mieux assaisonner le *passato* au dernier moment.

2
Portez à ébullition sur feu doux, en remuant de temps en temps avec une grande cuillère en bois. Lorsque les tomates moussent, c'est cuit ! Laissez-les égoutter pendant 1 heure, puis passez-les au moulin à légumes (grosse grille).

3
Ébouillantez les bocaux (sans détergent) et essuyez-les avec un torchon propre. Remplissez-les de tomate jusqu'au collet, ajustez soigneusement le caoutchouc sur le couvercle et fermez hermétiquement.

4
Prenez alors un grand récipient pouvant contenir tous les bocaux et entourez chacun d'eux d'un linge pour amortir les chocs durant la cuisson. Immergez d'eau bouillante, portez à ébullition rapidement et maintenez la température à 100 °C pendant 40 minutes pour les appertiser.

5

Laissez reposer hors du feu jusqu'à parfait refroidissement afin que le vide se fasse. Conservez vos bocaux dans un endroit bien frais, cave ou cellier, et ouvrez-les au fur et à mesure. Le *passato* peut se garder d'une année sur l'autre.

" *En Italie, le* **passato** *est la base de tomate nécessaire au quotidien dans une cuisine. Ce terme désigne aussi le moulin à légumes. Conservez votre* **passato** *à la cave ou au cellier, il y vivra des jours tranquilles et accompagnera à son heure* pasta, focaccia, pizza, risotto…"

Vinaigrette de tomate à la vraie tomate rouge d'Irak, glace au raifort

Frédérick E. Grasser-Hermé - Paris

Pour 10 gobelets

4 tomates d'Irak
(ou 4 tomates à jus)
de 100 g l'une
2 pincées de piment d'Espelette
1 jeune gousse d'ail écrasée
1/2 cuillerée à café de sel fin
2 branchettes d'estragon
(les feuilles)
3 tours de moulin de poivre noir
3 cuillerées à soupe de vinaigre
de vin vieux
2 traits de vinaigre de vin blanc
5 cl d'huile d'olive vierge
de Sardaigne (première pression
à froid)

Pour la glace au raifort :
50 cl de lait entier
50 cl de crème liquide
10 jaunes d'œuf
50 g de raifort en crème
1 cuillerée à café de sel fin

1
Coupez les tomates en quartiers, mettez-les dans le bol d'un mixer, ajoutez les vinaigres, les aromates, le sel et les épices. Mixez le temps de réduire en jus, puis versez l'huile d'olive en filet et faites tourner pendant 1 minute.

2
Passez le mélange obtenu au chinois pour éliminer la peau et les pépins, pressez fortement pour exprimer tout le jus. Transvasez cette vinaigrette de tomate dans un bol hermétique et réservez au réfrigérateur pendant au minimum 3 heures.

3
Mélangez le lait et la crème dans une casserole et portez à ébullition. Dans un saladier, fouettez ensemble les jaunes d'œuf, le sel et le raifort. Incorporez lentement le liquide chaud à ce mélange, puis remettez sur feu doux quelques minutes, jusqu'à ce que la préparation nappe la cuillère. Remuez sans cesse à l'aide d'un fouet. Attention, la température ne doit pas excéder 83 °C.

4

Mettez la préparation dans un bain-marie d'eau froide et de glaçons, fouettez-la pendant environ 3 minutes et laissez-la refroidir. Lorsqu'elle est froide, versez-en 50 centilitres dans la sorbetière et faites turbiner. Quand la glace est prise, débarrassez dans un bac et faites prendre le reste de crème.

5

Versez la vinaigrette de tomate dans des gobelets, façonnez des petites boules de glace au raifort à l'aide d'une cuillère parisienne et disposez-les en formant une rosace à la surface de la préparation.

Vin conseillé : *condrieux, coteaux-de-chéry (Georges Voinay).*

" Le piment d'Espelette a la particularité d'être brûlant mais pas piquant ; il est unique. À défaut, remplacez-le par du piment de Cayenne, mais avec modération.

Le raifort est une racine dont on consomme le tubercule. Diminuez-en la quantité si la moutarde vous monte au nez… "

Jus de tomate black prince au radis noir

Corinne De Chazelles - Colombes

Pour 4 personnes

8 tomates black prince
1 radis noir
1 citron
sel, poivre blanc

1
Pressez le citron.
Lavez soigneusement les tomates
et coupez-les en quartiers.
Épluchez le radis noir.

2
Passez tomates et radis
à la centrifugeuse,
salez et poivrez à votre convenance,
puis réservez au réfrigérateur.
Dégustez ce jus de tomate
au radis noir bien frais.

1

Préchauffez le four à 180 °C (th. 4/5). Pendant ce temps, abaissez la pâte feuilletée en un rectangle d'environ 1,5 mm d'épaisseur. Lorsque le four est chaud, faites-la cuire entre deux plaques à pâtisserie pendant 6 à 8 minutes, puis détaillez six cercles de pâte de 12 cm de diamètre.

2

Épluchez les oignons, émincez-les très finement et faites-les mijoter sur feu doux en leur donnant une légère coloration blonde. Déglacez d'un trait de vinaigre de Xérès, puis réservez. Épluchez et hachez une gousse d'ail.

Des entrées

Tatin de tomates oroma aux anchois et olives noires

Éric Fréchon
Paris

Pour 6 personnes

1 kg de tomates oroma
(ou marmande)
300 g de pâte feuilletée
100 g de filets
d'anchois salés
100 g d'olives noires
4 oignons
1 trait de vinaigre
de Xérès
20 cl d'huile d'olive
50 g de parmesan
2 gousses d'ail
thym
laurier
fleur de sel
de Guérande
poivre

3
Mondez les tomates, épépinez-les et détaillez des pétales dans la chair. Placez ces derniers sur la plaque du four, arrosez-les d'huile d'olive, saupoudrez-les de sel, de poivre, d'ail haché, de thym et de laurier. Enfournez et faites confire pendant 2 heures à 60 °C (th. 1 et porte du four entrouverte).

4
Râpez le parmesan en gros copeaux et préparez la tapenade : hachez la seconde gousse d'ail, 1 filet d'anchois et les olives ; passez au mixeur et montez à l'huile d'olive.

5
Étalez la compotée d'oignon sur les cercles de pâte feuilletée, rangez en rosace les pétales de tomate et quelques filets d'anchois, et parsemez de copeaux de parmesan.
Passez au four à 180 °C (th. 4/5) pendant 3 minutes, puis dressez sur des assiettes, la tapenade autour.

Vin conseillé :
*coteaux-du-languedoc blanc 1997,
domaine de l'Hortus.*

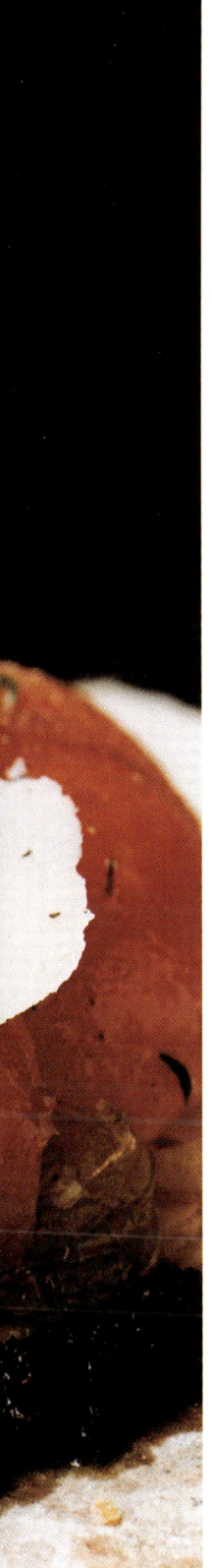

Gâteau de tomates ropreco paste mi-confites

Claude Taffarello - Saint-Félix-Lauragais

Pour 4 personnes

15 tomates
ropreco paste
400 g de bardes
de lard fines
200 g de lard gras
4 gousses d'ail
1 botte de persil
1 botte de basilic
4 œufs
4 tranches
de pain de mie
20 cl de lait
2 cuillerées à soupe
d'huile d'olive
thym
sel, poivre

1
Préchauffez votre four à 150 °C (th. 3). Pendant ce temps, enlevez le pédoncule des tomates, mondez-les et épépinez-les, en les pressant légèrement. Épluchez et écrasez 2 gousses d'ail.

2
Posez les tomates sur la plaque du four, arrosez-les d'huile d'olive, salez et poivrez, saupoudrez d'ail écrasé et de thym. Faites dessécher au four pendant 3 heures.

3
Épluchez les 2 dernières gousses d'ail, mixez-les avec le lard, le basilic, le persil et le pain de mie, préalablement trempé dans le lait. Ajoutez les œufs et assaisonnez.

4

Chemisez de bardes de lard
un moule à charlotte, montez
par couches successives
les tomates mi-confites
et la farce, puis rabattez
les bardes de lard par-dessus.

5

Faites cuire au four à 140 °C (th. 2/3)
pendant 2 heures. À la fin du temps
de cuisson, pressez le gâteau
de tomates avec un poids et éliminez
l'excédent de graisse.
Servez chaud, coupé en tranches.

Vin conseillé : *gaillac rouge, domaine du Moulin (Jean-Paul Hirissou).*

"*Ce gâteau de tomates sera parfait pour accompagner viandes ou poissons. Servi seul, il constituera une entrée originale.*"

Des entrées

Tartare de tomates
black prince aux aromates

Michel Del Burgo - Paris

Pour 4 personnes

4 tomates black prince
bien mûres
1 échalote
1 cornichon
1 cuillerée à soupe
de ciboulette ciselée
1 cuillerée à soupe
de cerfeuil haché
1 cuillerée à soupe
de petits dés
de céleri-branche
10 cl d'huile d'olive
1 citron pressé
sel, poivre

1
Mondez les tomates, épépinez-les puis détaillez-les en petits dés d'environ 5 mm de côté.

2
Épluchez et hachez l'échalote, détaillez le cornichon en tout petits dés.

3
Mélangez soigneusement tous les ingrédients du tartare et moulez quatre parts en forme de quenelle à l'aide d'une cuillère.

Tartine au caillé de brebis et tomates principe borghese confites

4 tomates principe borghese bien mûres
50 g de caillé de brebis
10 cl d'huile d'olive
1 pain de campagne
20 g de sucre semoule
1 gousse d'ail
1 cuillerée à café de fleur de sel
fleur de thym
sel, poivre

1
Préchauffez le four à 80 °C (th. 1 et porte entrouverte). Mondez les tomates, taillez-les en quatre pétales et retirez tous les pépins. Disposez-les sur la plaque du four recouverte de papier sulfurisé. Épluchez la gousse d'ail et taillez-la en très fines lamelles.

2
Salez et poivrez les tomates, saupoudrez-les de sucre, d'un peu de fleur de thym et des copeaux d'ail. Arrosez d'huile d'olive et faites sécher au four pendant 3 heures.

3
Coupez 4 petites tranches de pain d'environ 1 cm d'épaisseur, taillées légèrement en biseau, et faites-les griller. Tartinez-les avec le caillé préalablement assaisonné de sel et poivre, puis posez dessus 2 pétales de tomate, une pincée de fleur de sel et un filet d'huile d'olive.

Gelée de tomate green zebra au parfum de sarriette

1 kg de tomates green zebra (ou de tomates vertes)
1 bouquet de sarriette
2 gousses d'ail
2 feuilles de gélatine
sel, poivre

1
Lavez soigneusement les tomates, retirez les pédoncules et mixez les fruits dans un robot. Faites ramollir les feuilles de gélatine dans un peu d'eau froide.

2
Portez à ébullition les tomates mixées pour séparer la pulpe du jus. Prélevez ce dernier (réservez la pulpe pour une autre utilisation), faites-y infuser les gousses d'ail et la moitié de la sarriette pendant quelques minutes, puis passez au chinois lentement, sans fouler afin d'obtenir un liquide bien clair.

3
Rectifiez l'assaisonnement et faites prendre le jus obtenu avec la gélatine préalablement essorée. Maintenez cette gelée au frais pendant quelques heures avant de la consommer.

Vin conseillé : *cairanne blanc 1995, domaine de l'Oratoire (J.-C. Allary)*.

41 amoureux de la tomate | Des entrées

Consommé de tomates double rich

Antoine Westermann - Strasbourg

Pour 4 personnes

2 kg de tomates
double rich bien mûres
3 blancs d'œuf
50 cl d'eau
sel, poivre

1

Lavez et coupez les tomates en quartiers. Battez légèrement à la fourchette les blancs d'œuf.

2

Placez dans une grande casserole les quartiers de tomate, l'eau et les blancs d'œuf battus. Salez, mélangez et portez à ébullition.

3

Remuez pendant quelques minutes à l'aide d'une spatule, puis laissez frémir pendant 30 à 40 minutes (sans mélanger).

4

Humectez un torchon propre et placez-le à l'intérieur d'un chinois, puis filtrez doucement le consommé. Vérifiez l'assaisonnement et réservez au frais.

Beignets de tomates principe borghese confites

Thierry Coué - Paris

1

Préchauffez le four à 250 °C (th. 8). Lavez les tomates, coupez-les en deux et rangez-les dans un plat en terre (face coupée dessous). Saupoudrez-les de coriandre, de poivre, de sel, de thym et de laurier émietté. Versez l'huile d'olive jusqu'au quart de la hauteur des tomates, enfournez et faites cuire pendant 20 minutes, puis baissez la température du four à 150 °C (th. 3) et laissez confire pendant 1 h 30.

2

Environ 1 heure avant la fin de la cuisson des tomates, émiettez la levure dans la bière, ajoutez la farine, puis fouettez et laissez lever pendant 1 heure à température ambiante. Faites chauffer l'huile de friture à 180 °C.

3

Trempez les tomates dans la pâte à frire et faites-les cuire dans l'huile pendant 3 minutes environ. Égouttez-les sur du papier absorbant et salez avant de déguster.

Vin conseillé : *coteaux-d'aix 1995 (Dominique Hauvette).*

"*Vous pouvez servir ces beignets de tomates avec des feuilles de sauge frites et une sauce anchoïade.*"

Pour 4 personnes

12 tomates principe borghese
40 g de levure de boulanger
25 cl de bière
160 g de farine tamisée
1 cuillerée à café de feuilles de thym
1 cuillerée à café de graines de coriandre concassées
1 feuille de laurier
30 cl d'huile d'olive
huile d'arachide (pour la friture)
sel, poivre

Soupe de tomate double rich glacée et sorbet basilic

Flora Mikula - Paris

Pour 4 personnes

1 kg de tomates double rich bien mûres
1 poivron rouge
1 oignon
5 gousses d'ail
queues de basilic
thym et romarin (en branche)
1 cuillerée à soupe de sucre semoule
1 verre à moutarde d'huile d'olive
sel

Pour le sorbet :
50 cl de jus de tomate
1 bouquet de basilic
3 cuillerées à soupe d'huile d'olive
tabasco
sel

Pour l'huile de basilic :
1 bouquet de basilic
2 gousses d'ail
1 verre à moutarde d'huile d'olive

1
Préchauffez le four à 150 °C (th. 3). Lavez les tomates et coupez-les en quartiers, en leur laissant la peau. Lavez et parez le poivron, épluchez l'oignon, puis détaillez les deux légumes en petits cubes.

2
Disposez sur la plaque du four les tomates, les dés de poivron et d'oignon, 3 gousses d'ail pelées et coupées en pétales et les queues de basilic. Saupoudrez de sel et de sucre, répartissez les branches de thym et de romarin, puis arrosez d'huile d'olive. Couvrez d'un papier d'aluminium et mettez à confire au four pendant 2 heures.

3
Laissez refroidir la préparation, puis réservez-la au réfrigérateur pendant une nuit entière. Le lendemain, mixez-la à l'aide d'un robot et passez-la au chinois. Goûtez et rectifiez l'assaisonnement au besoin.

4

Pour le sorbet, hachez les feuilles du basilic, mélangez-les au jus de tomate et à l'huile d'olive, salez, ajoutez un peu de tabasco et faites prendre dans la sorbetière. Réservez au congélateur.

5

Juste avant de servir, épluchez les 2 gousses d'ail restantes et mixez-les avec l'huile d'olive et les feuilles du dernier bouquet de basilic. Arrosez d'un trait de cette huile chaque assiettée de soupe de tomate bien froide, et servez avec le sorbet basilic.

Vin conseillé :
rosé baux-de-provence 1997, domaine des Terres-Blanches.

"*Pour parfaire la recette, vous pouvez accompagner cette soupe de tomate de quelques croûtons de tapenade.*"

Bavaroise de tomate roi Humbert

Benoît Guichard - Paris

Pour 4 personnes

1,5 kg de tomates roi Humbert
2 gros oignons nouveaux
quelques brindilles de thym
250 g de crème liquide à 30 % de matières grasses
3 ou 4 gousses d'ail nouveau
quelques feuilles de basilic
1 feuille de gélatine
1 cuillerée à soupe d'huile d'olive
sel, poivre

1

Mondez les tomates, coupez-les en quatre et épépinez-les, puis concassez grossièrement toute la chair avec un couteau. Épluchez et hachez finement les oignons. Mettez la feuille de gélatine à ramollir dans un peu d'eau froide.

2

Versez l'huile d'olive dans une casserole, ajoutez les oignons hachés, les gousses d'ail épluchées entières et le thym. Salez et poivrez, puis faites cuire doucement pendant quelques minutes, en prenant garde à ce que les oignons ne colorent pas.

3

Lorsque les oignons sont cuits, ajoutez la tomate concassée ainsi que les feuilles de basilic. Laissez réduire doucement pendant 20 minutes, jusqu'à ce que vous obteniez 250 grammes de préparation. Retirez alors les brindilles de thym, les gousses d'ail et le basilic.

4

Ajoutez la feuille de gélatine et remuez bien, puis laissez refroidir à température ambiante. Montez la crème liquide en crème fouettée et incorporez-la délicatement à la concassée de tomates. Laissez refroidir au réfrigérateur pendant quelques heures afin de servir la bavaroise presque glacée.

Vin conseillé : *coteaux-du-languedoc blanc 1997, domaine Saint-Martin-de-la-Garrigue-Montagnac.*

"*Cette préparation très simple à base de tomates est délicieuse à l'apéritif lorsqu'il fait chaud. Accompagnez-la d'un très bon pain grillé, frotté selon votre goût avec un peu d'ail ou de tomate, et arrosé d'un filet d'huile d'olive très fruitée. Elle peut devenir une entrée estivale : dans ce cas, servez-la sur une assiette, moulée à la cuillère et accompagnée d'un bon coulis de tomates parfumé au basilic ou d'une petite tasse de gaspacho bien glacé. On peut aussi tout simplement dresser des quenelles de bavaroise sur les assiettes, ajouter un filet d'huile d'olive, quelques gouttes de citron et du basilic frais détaillé en fine julienne, le tout accompagné d'un bon pain de campagne toasté.*"

Tomate super colosse pochée à la mélisse, langoustines et coquilles au poivre de Sichuan

Roger Souvereyns - Stevoort (Belgique)

Pour 4 personnes

4 belles tomates super colosse
8 grosses queues de langoustine
8 coquilles Saint-Jacques sans leur corail
20 g de beurre clarifié
40 g de beurre frais
poivre de Sichuan
sel, poivre

Pour le consommé :
1 litre de bouillon de bœuf
15 grains de poivre
10 baies de coriandre
1 gousse d'ail
1 branche de thym
1 bouquet de mélisse
1 petite branche de romarin
1 tranche de gingembre frais
sel marin

Pour la salade et le décor :
roquette, persil plat, fanes de carotte bien vertes, feuilles d'estragon, de basilic et de cresson, mâche
huile d'olive
quelques gouttes de vinaigre balsamique
1 yaourt bulgare
sel

1 Mettez tous les ingrédients du consommé dans une grande casserole, portez à ébullition et laissez frémir environ 30 minutes.

2 Plongez les tomates dans le consommé et faites cuire à feu très doux pendant quelques secondes, jusqu'à ce qu'elles éclatent. Arrêtez alors la cuisson et laissez refroidir.

3 Sortez les tomates avec une écumoire et égouttez-les sur un linge, puis passez le bouillon dans un chinois recouvert d'une étamine.

4 Mettez le beurre clarifié dans une sauteuse, faites-le bien chauffer, puis ajoutez les langoustines et les coquilles assaisonnées de poivre, de sel et de poivre de Sichuan. Faites-les rôtir, retirez-les de la sauteuse et réservez-les.

5

Jetez le beurre de cuisson, déglacez avec un peu de consommé et laissez réduire pendant quelques minutes sur feu doux. Après réduction, ajoutez le beurre frais par petits morceaux, en tournant vivement à l'aide d'une cuillère en bois.

6

Lavez les salades et les fines herbes, essorez-les et séchez-les dans un torchon sec. Préparez une vinaigrette avec l'huile d'olive, le vinaigre balsamique et le sel, puis ajoutez les feuilles de salade et les herbes. Mélangez bien.

7

Enlevez le chapeau des tomates, dressez les langoustines et les coquilles, et rehaussez d'un peu de salade d'herbes. Ajoutez la sauce obtenue par la réduction du consommé et parsemez de quelques gouttes de yaourt pour ajouter une pointe d'acidité.

Vin conseillé :

riesling grand cru kastelberg 1995, domaine Kreydenweiss.

" Vous pouvez décorer ces tomates de chips de salsifis et les accompagner de quelques salsifis frits."

Piquillos de lodosa farcis à la morue, sauce dix doigts de Naples

Christian Parra - Urt

Pour 4 personnes

1 kg de tomates
dix doigts de Naples
20 piments piquillos
250 g de morue salée,
mise à dessaler depuis
au moins 24 heures
200 g de pommes de terre
(ratte ou charlotte)
2 gousses d'ail
20 cl d'huile d'olive
10 cl de crème liquide
1 branche de thym
1 feuille de laurier
piment d'Espelette en poudre
sel

1
Mondez les tomates, retirez les pédoncules et mixez-les. Passez-les dans un chinois afin de retenir les pépins, salez et poivrez légèrement. Prélevez 25 cl de sauce.

2
Déposez la morue dessalée dans une casserole, couvrez-la d'eau froide, ajoutez le thym et le laurier, puis faites-la blanchir pendant 2 à 3 minutes. Épluchez les gousses d'ail et hachez-les très finement.

5
Hachez la morue dans le bol d'un robot-mixer, puis ajoutez la purée de pommes de terre et incorporez l'huile d'olive. Ajoutez un peu de piment d'Espelette, goûtez et rectifiez l'assaisonnement s'il y a lieu.

6
Farcissez 16 piments de ce mélange à l'aide d'une poche à douille. Ne les remplissez pas trop afin de pouvoir les tenir fermés à l'aide d'un bâtonnet de bois.

3

Égouttez la morue et « effeuillez-la », en enlevant les arêtes et la peau s'il y en a. Mettez à chauffer un peu d'huile d'olive dans une poêle, ajoutez l'ail haché et faites sauter la morue pendant quelques minutes.

4

Pendant ce temps, faites cuire les pommes de terre à l'eau, égouttez-les, épluchez-les et passez-les à la Moulinette.

7

Mixez les piments restants dans la sauce tomate, ajoutez un peu de crème liquide et assaisonnez à votre convenance, puis faites réchauffer. Placez les piments dans un plat à four et faites-les réchauffer pendant quelques minutes. Disposez les piments farcis sur les assiettes de service et entourez-les de sauce tomate bien chaude.

Vin conseillé : *irouléguy 1996, domaine Brana.*

Des entrées

Papillote de feta à la tomate principe borghese confite

Jean-Marie Amat - Bouliac

Pour 4 personnes

**8 tomates principe borghese confites (voir p. 101)
4 tranches de feta de 180 g chacune, dessalées s'il y a lieu
1 branche de thym
huile d'olive
sel, poivre du moulin**

1

Préchauffez le four à 150 °C (th. 3). Lavez les tomates, déposez-les sur la plaque du four et arrosez-les d'huile d'olive. Salez, poivrez et faites confire dans le four pendant 2 heures.

2

Montez la température du four à 190 °C (th. 5). Déposez la feta au milieu d'une feuille de papier sulfurisé. Disposez les tomates dessus, parsemez de thym, arrosez d'une cuillerée à soupe d'huile d'olive et saupoudrez de poivre. Fermez la papillote et faites cuire pendant 8 minutes au four.

Vin conseillé : *entre-deux-mer, château-sainte-marie (vieilles vignes).*

Tartare de tomate victory à la coriandre et petits violets au parmesan

Reine Sammut - Lourmarin

Pour 4 personnes

200 g de tomates victory
4 petits artichauts violets de Provence
1 oignon blanc
2 cuillerées à soupe d'un mélange d'herbes hachées (coriandre, cerfeuil, persil, roquette, bourrache)
2 cuillerées à soupe d'huile d'olive
1 filet de vinaigre de vin vieux
40 g de parmesan
jus de citron
pluches de coriandre pour le décor
sel, poivre

1

Enlevez les feuilles et le foin des artichauts à l'aide d'un petit couteau bien tranchant. Émincez les fonds en tranches fines et réservez-les dans un bain d'eau bien citronnée. Épluchez et hachez l'oignon.

2

Mondez les tomates et égouttez-les, puis coupez-les en quatre et épépinez-les : vous devez obtenir 120 grammes de chair de tomate. Détaillez-la en petits dés, que vous mélangerez à l'oignon et aux herbes hachées. Salez, poivrez et arrosez d'huile d'olive.

3

Disposez les artichauts en rosace dans chaque assiette, en réservant un cercle au centre. Remplissez ce dernier de tartare de tomate, décorez d'une pluche de coriandre au centre et saupoudrez les artichauts de copeaux de parmesan.

Vin conseillé :
coteaux-du-luberon blanc 1996, château-la-verrerie.

Ensalada de tomate petros con espuma de sanguínea

Sorbet à la tomate petros et mousse d'oranges sanguines

Ferran Adrià - Roses (Espagne)

Pour 4 personnes

Pour le sorbet :
1 kg de tomates petros
très rouges mais pas molles
10 cl d'huile d'olive très fruitée
(Forum)
3 demi-feuilles de gélatine
sel, poivre

Pour la mousse :
50 cl de jus d'orange sanguine
3 feuilles de gélatine
8 amandes tendres
1 pomelo
huile d'olive très fruitée
(Forum)
fleur de sel
poivre du moulin

1

Mondez les tomates et mixez-les, puis passez-les dans un chinois recouvert d'une étamine afin de séparer la pulpe du jus (gardez la pulpe pour une autre recette). Réservez 12 pépins pour le décor.

2

Trempez les 3 demi-feuilles de gélatine dans un peu d'eau froide. Lorsqu'elles sont ramollies, placez-les dans un saladier et faites-les fondre dans un peu de jus de tomate, préalablement chauffé.

3

Ajoutez le reste du jus de tomate dans le saladier et incorporez l'huile. Salez et poivrez légèrement, puis versez dans une sorbetière et faites prendre en glace.

4

Faites fondre les 3 feuilles de gélatine, préalablement ramollies dans l'eau froide, dans un peu de jus d'orange chaud, puis ajoutez le reste du jus hors du feu.

5

Passez cette préparation dans un chinois recouvert d'une étamine et remplissez-en un siphon à chantilly. Installez la charge de gaz et laissez reposer pendant au moins 6 heures au frais.

6

Disposez la mousse d'oranges sanguines dans chaque assiette, ajoutez une quenelle de sorbet à la tomate, 2 amandes, 3 pépins et 5 gouttes du jus de pomelo préalablement réduit.

7

Terminez en saupoudrant de poivre fraîchement moulu, de fleur de sel sur les pépins et d'un filet d'huile d'olive.

Vin conseillé :
*champagne Gosset.
millésime 1985*

Gelatina di pomodoro roma paste al pesto

Gelée de tomate roma paste au pistou

Gualtiero Marchesi - Erbusco (Italie)

Pour 4 personnes

800 g de tomates roma paste bien mûres
3 cuillerées à soupe d'huile d'olive
10 g de céleri en branche (seulement le blanc)
50 g d'oignons blancs
1 gousse d'ail
6 feuilles de basilic
1 orange
2 feuilles de gélatine
sel, poivre

Pour la garniture :
1 tomate super marmande
20 g d'olives noires taggiasca
20 g de céleri en branche (seulement le blanc)
1 cuillerée à café de marjolaine hachée
huile d'olive
sucre
sel

Pour le pistou :
100 g de feuilles de basilic
10 cl d'huile d'olive (de Ligurie si possible)
30 g de parmesan râpé
12 g de pignons de pin
sel, poivre

La garniture doit être préparée 36 heures au moins avant d'effectuer cette recette.

1

Placez la tomate dans le congélateur pendant environ 1 heure : il vous sera plus aisé de la tailler en très fines rondelles.

2

Disposez une feuille de papier sulfurisé sur la plaque du four, étalez les rondelles de tomate, saupoudrez de sucre, de sel et de marjolaine hachée, puis arrosez d'un trait d'huile d'olive. Laissez sécher dans le four à 60 °C (th. 1 et porte entrouverte) pendant 6 heures.

3

Mettez le bol du mixer dans le congélateur. Mondez les tomates, coupez-les en quatre et épépinez-les. Épluchez l'oignon et le céleri, taillez-les en très petits dés, puis placez-les dans une sauteuse et faites-les suer dans l'huile d'olive.

4

Ajoutez dans la sauteuse les 6 feuilles de basilic, la gousse d'ail hachée et les quartiers de tomate. Versez alors le jus de l'orange, mélangez et laissez cuire sur feu doux pendant 40 minutes.

5

Laissez refroidir complètement et passez au chinois. Trempez la gélatine dans de l'eau froide. Lorsqu'elle est ramollie, placez-la dans un peu d'eau tiède afin de la diluer, et incorporez-la au coulis de tomates. Goûtez, rectifiez l'assaisonnement au besoin, puis versez la préparation dans des verres et réservez au frais.

6

Lavez et essuyez les feuilles de basilic, mettez-les dans le bol bien froid du mixer avec les pignons de pin, du sel et du poivre. Incorporez alors le parmesan, puis l'huile d'olive. Passez le pistou au chinois.

7

Lavez et épluchez le céleri, taillez-le en petits cubes ainsi que les olives noires dénoyautées. Versez un voile de pistou sur la tomate dans les verres, et éparpillez dessus céleri et olives noires. Terminez en ajoutant une rondelle de tomate séchée.

Vin conseillé : *brut rosé cà-del-bosco 1993.*

1

Préchauffez le four à 150 °C (th. 3). Épluchez 1 oignon, émincez-le et faites-le suer avec un peu de beurre. Ajoutez l'épeautre, mouillez avec le fond blanc et faites cuire au four pendant 1 h 30.

2

Épépinez les petites tomates, mettez-les à l'envers pour les faire égoutter, mondez-les et réservez. Mondez les tomates marmande, coupez-les en quatre et épépinez-les, puis hachez-les grossièrement en concassée.

Petites tomates purple calabash farcies aux senteurs d'estragon, risotto d'épeautre

Christian Étienne
Avignon

Pour 6 personnes

18 petites tomates
purple calabash
bien rondes
2 kg de tomates
marmande
10 feuilles d'estragon
hachées
25 cl de bouillon
de bœuf
200 g d'épeautre
2 litres de fond blanc
50 g de tomates séchées
confites marinées
à l'huile d'olive
(voir recette p. 101)
2 gousses d'ail
2 oignons
50 g de parmesan râpé
1 noix de beurre

3
Épluchez et émincez l'autre oignon et les gousses d'ail. Faites suer le tout avec de l'huile d'olive, puis ajoutez la concassée de marmandes et faites réduire pendant quelques minutes, jusqu'à obtention d'une purée de tomates bien sèche.

4
Ajoutez alors l'estragon haché et remplissez les petites tomates rondes de cette farce. Montez la température du four à 250 °C (th. 8). Placez les tomates dans un plat à four, arrosez-les du bouillon de bœuf et faites cuire pendant 10 minutes.

5
Liez le risotto d'épeautre avec le parmesan et ajoutez les tomates confites.
Placez 3 petites tomates farcies sur chaque assiette, entourez-les de jus de bœuf et ajoutez une part de risotto.

Vin conseillé : *châteauneuf-du-pape blanc 1996, clos des Papes (M. Avril).*

" *Vous trouverez assez facilement des tomates séchées confites marinées à l'huile d'olive chez votre traiteur ou dans une épicerie italienne.* "

Pain sur poolish à la tomate super sioux

Jacques Mahou - Tours/Blois

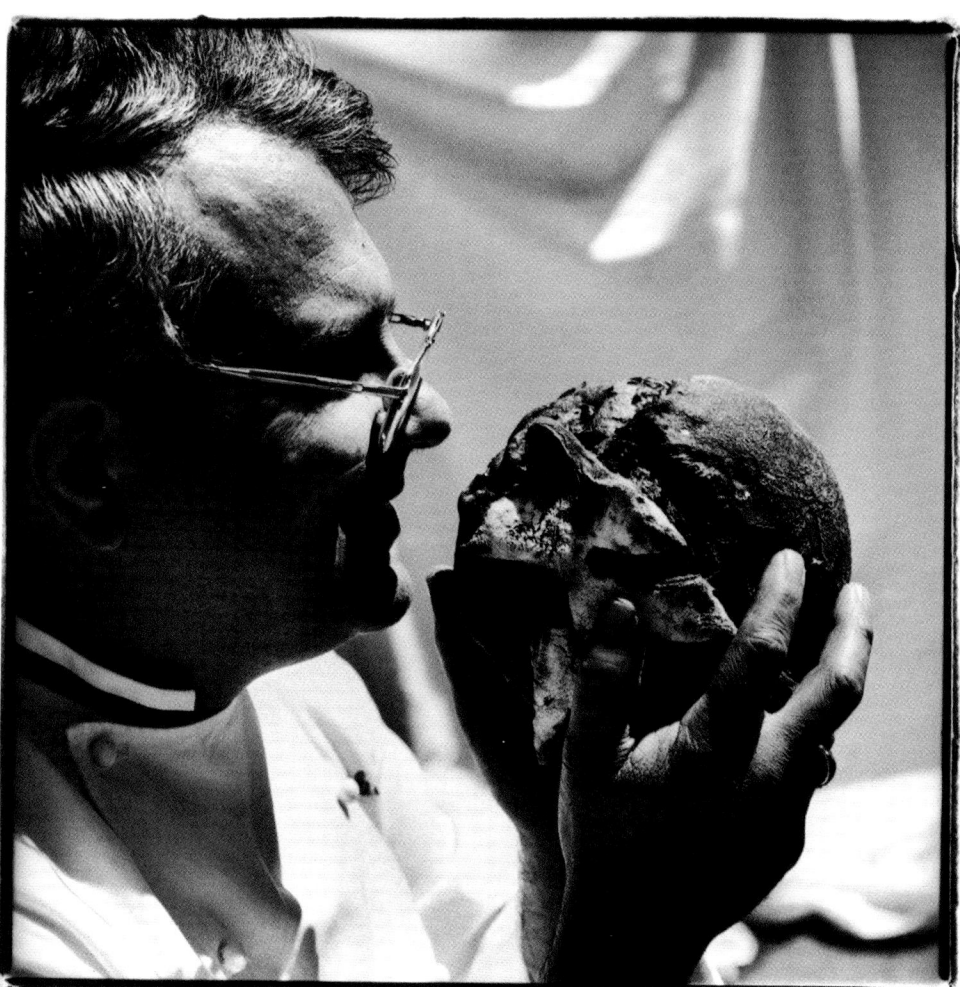

Pour 3 pains de 300 g

600 g de farine
de type 65/70
1,200 kg de tomates
super sioux
1 feuille de laurier
quelques brindilles
de thym
1 cuillerée à soupe
de feuilles de basilic
ciselées
1 gousse d'ail
1 oignon
5 g de levure
de boulanger
15 g de sel de mer
2 cuillerées à soupe
d'huile d'olive
1 jaune d'œuf
poivre du moulin

1

Préchauffez le four à 180 °C (th. 4/5). Épluchez la gousse d'ail et l'oignon, hachez l'ail et émincez l'oignon. Mondez et épépinez 1 kilo de tomates. Coupez-les en quatre dans un plat à four et ajoutez l'oignon, l'ail, le laurier, le thym et le basilic. Saupoudrez de poivre mais ne salez pas.

2

Faites cuire au four pendant 1 h 30, puis sortez les tomates, laissez-les refroidir et mixez-les. Vous obtenez alors la sauce à la tomate qui va remplacer l'eau pour la confection de la poolish.

3

Délayez la levure dans 300 grammes de sauce à la tomate et incorporez la moitié de la farine à ce mélange. Laissez reposer pendant 2 heures : des bulles vont apparaître à la surface de la poolish.

La poolish fut inventée au début du XIXe siècle par un boulanger polonais, qui découvrit comment se passer de levain en le remplaçant par une culture de ferments obtenue en mélangeant de la farine, de la levure et de l'eau. Le pain ainsi obtenu était nettement moins acide et laissait intacte toute la saveur du froment.

4
Épépinez, mondez et détaillez en dés les tomates restantes. Ajoutez à la poolish le reste de farine, le sel de mer, les dés de tomate fraîche et l'huile d'olive. Pétrissez cette pâte pendant 5 minutes en première vitesse et laissez-la reposer pendant 1 heure.

5
Détaillez alors 3 pâtons de même taille, qui pèseront chacun entre 360 et 380 grammes. Tournez-les en forme de boule et laissez-les reposer pendant 1 h 30, soudure au-dessus afin que les boules éclatent lors de la cuisson.

6
Préchauffez le four à 200 °C (th. 5/6). Dorez les boules de jaune d'œuf à l'aide d'un pinceau et farinez-les légèrement, puis enfournez pour 30 à 35 minutes.

"*Vous pouvez dégustez ce pain à la tomate en fines tranches avec de la tapenade ou de l'anchoïade.*"

Pappa col pomodoro roma paste

Bouille de tomate roma paste

Valentino Marcattilii - Imola (Italie)

Pour 4 personnes

1 kg de tomates
roma paste
bien mûres
200 g de pancetta
fumée
350 g de pain rassis
1 litre de bouillon
de volaille
5 gousses d'ail
1 gros oignon jaune
1 bouquet de basilic
12 cl d'huile d'olive
parfumée à l'ail
poivre blanc
du moulin
sel

1

Faites revenir dans l'huile d'olive l'oignon taillé finement et la pancetta coupée en petits dés, puis ajoutez l'ail haché, le basilic et les tomates coupées en gros morceaux.

2

Faites cuire 30 minutes à feu doux. Ajoutez le bouillon et faites cuire pendant encore 30 minutes toujours sur feu doux.

3

Taillez le pain rassis en tranches et faites-le dorer dans une poêle avec l'huile d'olive parfumée à l'ail.

4

Disposez quelques tranches de pain doré dans quatre bols à soupe, puis versez dessus une louche de bouillon de tomate. Réchauffez le tout 3 minutes au four et servez.

Vin conseillé : *chianti jeune.*

1
Préchauffez le four à 150 °C (th. 3). Mondez les tomates, coupez-les en deux et épépinez-les. Épluchez les gousses d'ail et détaillez-les en fines lamelles.

2
Disposez les demi-tomates sur la plaque du four, déposez un pétale d'ail sur chacune d'elles, puis arrosez-les d'huile d'olive, salez et poivrez. Couvrez de papier d'aluminium et enfournez pour 6 heures.

3
Tapissez une terrine de film plastique alimentaire. Portez l'eau de végétation des tomates et le thym citron à ébullition, puis laissez infuser, hors du feu, pendant 10 minutes. Pendant ce temps, mettez les feuilles de gélatine à ramollir dans un peu d'eau froide.

Terrine de tomates corne des Andes

David Bouley - New York

Pour 6 à 8 personnes

1,5 kg de tomates corne des Andes
10 feuilles de gélatine
1/2 cuillerée à café de fleur de sel de Guérande
1 pincée de poivre blanc moulu
1 pincée de thym citron
30 cl d'eau de végétation des tomates
3 gousses d'ail
huile d'olive

4

Passez l'eau de tomate dans un chinois afin d'enlever le thym citron, ajoutez la gélatine et laissez-la fondre. Ajoutez alors les tomates confites refroidies, assaisonnez de sel et de poivre, puis versez le tout dans la terrine et laissez prendre dans le réfrigérateur.

Vin conseillé : *crozes-hermitage blanc.*

" *Servez cette terrine de tomates avec du basilic frais et du fromage blanc.* "

Gaspacho andalou de tomate odessa, glace à la moutarde

Marc Meneau - Saint-Père-sous-Vézelay

Pour 4 personnes

Pour le gaspacho :
1 kg de tomates odessa
500 g de poivrons rouges
1 tomate mont athos confite
3 concombres
5 oignons
5 gousses d'ail
basilic
tabasco
gros sel
sel, poivre du moulin

Pour la glace à la moutarde :
1 litre de lait
100 g de Trémoline
(anticristallisant pour glace,
voir carnet d'adresses p. 109)
9 jaunes d'œuf
150 g de moutarde
à l'ancienne

1

Réalisez une crème anglaise en incorporant hors du feu au lait bouillant les jaunes d'œuf et la Trémoline, puis remettez la préparation sur le feu et tournez jusqu'à ce que la crème nappe la cuillère. Ajoutez la moutarde à l'ancienne et faites prendre en sorbetière.

2

Parez les poivrons, lavez-les ainsi que les tomates. Détaillez ces légumes en tout petits morceaux et faites-les dégorger dans le gros sel toute une nuit. Le lendemain, mixez le tout avec les feuilles de basilic, les oignons et l'ail épluchés, puis passez la préparation au chinois. Ajoutez un trait de tabasco et assaisonnez à votre goût.

3

Taillez les concombres en petits cubes, disposez-les au fond de chaque assiette, puis ajoutez au centre une tranche de tomate confite. Posez une boule de glace à la moutarde sur chaque tomate confite et recouvrez-la d'un petit chapeau de tomate confite. Ajoutez le gaspacho bien froid et décorez de quelques feuilles de basilic.

Vin conseillé : *patrimonio blanc Grotta di Sole (Antoine Arena).*

"*Si votre gaspacho manque de consistance, vous pouvez ajouter de la mie de pain pour l'épaissir un peu.*"

Langoustines rôties, tomates oroma marinées à l'huile d'olive, panisses et basilic frit

Bruno Caironi - Bar-sur-Seine

Pour 4 personnes

5 belles tomates oroma
16 grosses queues
de langoustine
4 grandes feuilles de basilic
100 g de farine
de pois chiche
15 cl d'huile d'olive vierge
extra
3 cuillerées à soupe
de vinaigre balsamique
2 gousses d'ail
20 cl d'eau
1/2 cuillerée à café de sel fin
sucre semoule
1 litre d'huile d'arachide
pour la friture
fleur de sel
poivre noir du moulin

1
Coupez 2 tomates en gros quartiers ou en rondelles de 1 cm d'épaisseur, déposez-les dans un saladier et assaisonnez-les de fleur de sel, de poivre du moulin et d'un peu d'huile d'olive, puis réservez (les tomates vont rejeter leur jus). Préchauffez le four à 80 °C (th. 1 et porte entrouverte).

2
Mondez les 3 tomates restantes. Coupez 2 d'entre elles en quatre et épépinez-les entièrement, puis coupez la dernière tomate en rondelles assez fines. Posez quartiers et rondelles sur la plaque du four, ajoutez l'ail détaillé en rondelles épaisses, du sel et un peu de sucre. Faites sécher le tout dans le four pendant 2 à 3 heures.

3
Mettez à chauffer l'eau et le sel fin dans une casserole, ajoutez la farine de pois chiche et faites dessécher sur feu très doux (le plus doux possible), en remuant de temps en temps.

4
Une fois la cuisson terminée, passez le tout dans un mixer pour lisser la préparation, puis mettez-la dans un récipient de faible hauteur afin de pouvoir découper des bâtonnets de la grosseur d'une pomme pont-neuf (3 cm x 3 cm). Faites frire une dizaine de bâtonnets à la fois dans l'huile d'arachide avec les feuilles de basilic pendant 30 secondes.

5
Égouttez au fur et à mesure ces panisses sur du papier absorbant. Faites chauffer une poêle avec un peu d'huile d'olive et mettez-y les queues de langoustine décortiquées à rôtir pendant quelques minutes de chaque côté. Séparez les quartiers de tomates fraîches de leur jus.

6
Dressez sur les assiettes les tomates fraîches, répartissez dessus les langoustines rôties, les quartiers et les rondelles de tomate séchées, les panisses et les feuilles de basilic. Nappez du jus de tomate, ajoutez le reste d'huile d'olive, quelques gouttes de vinaigre balsamique, un peu de fleur de sel et un tour de moulin à poivre… puis dégustez.

Vin conseillé : *rully 1995, clos de Bellecroix.*

Foie gras de canard poêlé, tomate **barbaniaka** rôtie à la mélasse et jus aigre-doux

Michel Bras - Laguiole

Pour 4 personnes

4 grappes d'environ 8 tomates cerises barbaniaka
120 g de pourpier vert
4 tranches de foie gras de canard de 100 g chacune
piment d'Espelette en poudre
pistils de cresson de Para

Pour le jus aigre-doux :
2 belles tomates beefsteak
25 g de beurre
50 g de mélasse
tabasco

1

Préchauffez le four à 210 °C (th. 6). Mondez les tomates beefsteak. Rangez l'une d'elles dans un petit plat à four, ajoutez la mélasse et le beurre dans le fond du plat, et faites cuire dans le four en arrosant fréquemment pendant 35 minutes. La tomate doit être réduite à l'état d'un sirop coloré et dense.

2

Récupérez 80 grammes du jus de l'autre tomate à l'aide d'une centrifugeuse et déglacez-en la cuisson précédente. Faites cuire le tout dans une petite casserole pendant quelques minutes pour homogénéiser et relevez de quelques gouttes de tabasco (selon votre goût). Vous devez obtenir un coulis épais.

3

Nettoyez les tomates cerises sans les détacher de leur grappe et percez chacune d'elles de petits coups d'aiguille du côté opposé au pédoncule. Passez les tomates au four pendant quelques instants, juste pour les tiédir : cela préservera leur fruité et la vivacité de leur goût.

4

Poêlez les tranches de foie gras et réservez-les sur un plat au chaud, en conservant le jus de cuisson. Passez rapidement les bouquets de pourpier à la poêle et tracez chaque assiette avec le jus aigre-doux.

5

Disposez les tranches de foie gras, animez l'ensemble des grappes de tomates et d'un bouquet de pourpier vert. Parsemez de quelques gouttes de gras de cuisson du foie, saupoudrez de piment d'Espelette et achevez la décoration en fleurissant l'assiette de pistils de cresson de Para.

Vin conseillé : *maury de quinze ans d'âge.*

"*Pour la réalisation de cette recette, il faut vous procurer deux sortes de tomates : une tomate de type beefsteak pour la réalisation du jus et des tomates cerises pour la garniture. Préférez le pourpier vert au pourpier doré, il est plus goûteux et plus charnu.*"

41 amoureux de la tomate | Des plats

Les œufs du célibataire à la tomate marmande

Jean-Pierre Xiradakis - Bordeaux

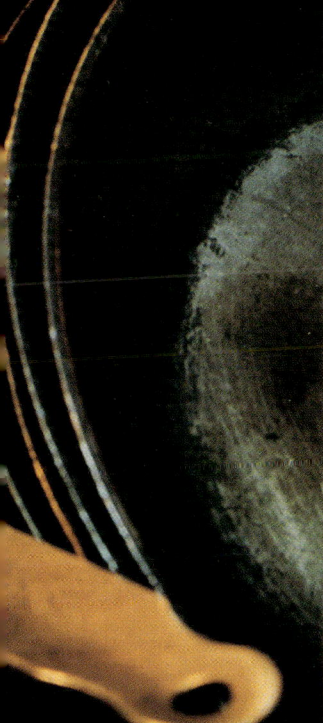

Pour 1 personne

3 tomates marmande
2 œufs
1 oignon
1 gousse d'ail
un peu de graisse de canard
sel, poivre

1

Mondez les tomates, coupez-les en deux et épépinez-les. Déposez la chair des tomates sur une planche puis, avec un gros couteau, hachez-la grossièrement. Épluchez et émincez l'oignon et une gousse d'ail.

2

Dans une cocotte en fonte, faites fondre l'oignon tout doucement dans un peu de graisse de canard. Ajoutez l'ail et les tomates hachées. Assaisonnez à votre convenance, couvrez et laissez cuire pendant 20 minutes. Surveillez la préparation et remuez de temps en temps avec une cuillère en bois. Mettez hors du feu, goûtez et rectifiez l'assaisonnement, puis laissez reposer pendant quelques minutes.

3

Préchauffez votre four à 120 °C (th. 1/2). Une fois que le coulis est prêt, prenez une petite poêle en fer bien épaisse, remplissez-la de coulis, cassez 2 œufs dedans et assaisonnez légèrement.

4

Commencez la cuisson à feu vif sur le gaz, puis terminez-la en passant la préparation pendant quelques minutes au four (attention, les œufs ne doivent pas être trop cuits). Servez très chaud, en plaçant directement la poêle sur la table.

Vin conseillé : *médoc, château-tour-haut-caussan 1996.*

" *Pour cette recette, choisissez de belles grosses tomates bien rouges et bien mûres, gorgées de soleil. Le coulis obtenu peut servir à toutes sortes de préparations. Je sers même, à La Tupina, des escalopes de foie gras chaudes sur un coulis de tomates froid. Néanmoins, ce que j'aime le plus, ce sont ces œufs à la tomate.* "

Kmama à l'agneau à la confiture de tomates thessaloniki et aux pétales de rose

Fatima Hal - Paris

Pour 4 personnes

1 gigot d'agneau
de 1 kg coupé
en morceaux
2 oignons
100 g de miel
1 cuillerée à soupe
de beurre salé
2 cuillerées à café
de ras al-hanout
1 pincée de filaments
de safran
2 cuillerées à soupe
d'huile d'arachide
2 verres à moutarde
d'eau
1 cuillerée à café
de sel
poivre

Pour la confiture de tomates :
1 kg de tomates thessaloniki bien mûres
1 cuillerée à café de cannelle en poudre
100 g de miel
4 cuillerées à soupe de confiture de roses
1 pincée de noix de muscade
50 g de beurre
50 g de pétales de rose pilés
5 boutons de rose séchés
2 cuillerées à café de grains de sésame

1

Épluchez et râpez les oignons. Mélangez dans un bol le sel, le poivre, le safran, le ras al-hanout et 1 verre d'eau. Enduisez les morceaux de viande de ce mélange, puis placez-les dans une marmite en fonte avec l'huile, le reste d'eau, les oignons râpés et le beurre salé.

2

Faites cuire sur feu doux pendant 1 heure. Ajoutez alors le miel et poursuivez la cuisson sur feu doux jusqu'à ce que la sauce soit caramélisée.

3

Mondez et épépinez les tomates, puis coupez-les en tout petits dés. Faites fondre le beurre dans une poêle, ajoutez les dés de tomate, les pétales de rose pilés, la noix de muscade et la cannelle. Laissez rissoler pendant quelques minutes, en remuant de temps en temps.

4

Quand le jus des tomates s'est évaporé, ajoutez le miel, remuez bien et laissez mijoter à tout petit feu pendant une quinzaine de minutes, jusqu'à ce que la confiture de tomates ait acquis une belle teinte ambrée.

5

Disposez les morceaux d'agneau bien chauds sur un plat, nappez de confiture de rose. Arrosez avec la sauce de la cocotte, entourez de la confiture de tomates et parsemez de grains de sésame. Terminez le décor en plaçant les boutons de rose sur la viande.

Vin conseillé :
riad-jamil 1996.

" *Le ras al-hanout est un mélange constitué de vingt-sept épices.* "

Petits-gris en coque de tomate mont athos à l'ail fumé d'Arleux

Roland Gauthier - Montreuil-sur-Mer

1

Préchauffez le four à 130 °C (th. 2). Faites cuire les escargots pendant 35 minutes dans un court-bouillon bien relevé. Mondez les tomates (réservez les peaux), coupez-les en deux et enlevez les pépins. Déposez-les dans un plat à four, salez et poivrez, puis enfournez pour 4 minutes, le temps que la chair des tomates se ramollisse.

2

Épluchez les gousses d'ail et faites-les blanchir trois fois. Placez-les dans une petite poêle, ajoutez une noix de beurre, le sucre et 5 cuillerées à soupe d'eau, puis mettez à chauffer pendant 5 minutes afin de glacer légèrement l'ail.

3

Réalisez une farce avec la mie de pain, le lait, 2 cuillerées à soupe de persil et de cerfeuil hachés, l'ail glacé et 1 jaune d'œuf ; salez et poivrez. Disposez 4 demi-coques de tomate sur un film plastique alimentaire, remplissez-les avec la farce et 6 petits-gris décoquillés, posez les 4 autres demi-coques par-dessus, puis refermez en serrant bien le film plastique afin de reformer une tomate.

4

Épluchez et râpez les pommes de terre, pressez-les afin de retirer le maximum de jus. Salez et poivrez, puis mettez à cuire le quart de la préparation dans une poêle à blinis avec un peu de beurre pendant quelques minutes. Retournez la galette de pommes de terre, achevez la cuisson, puis réservez au chaud le temps de faire cuire le reste en trois fois. Poêlez les épinards crus au beurre pendant quelques secondes, puis salez.

5

Laissez réduire sur feu doux un peu du court-bouillon des escargots. Pendant ce temps, faites chauffer le beurre dans une petite casserole jusqu'à ce qu'il devienne brun doré et sente la noisette (attention, il ne doit surtout pas noircir). Ajoutez de l'ail cru à la dernière minute et versez ce beurre noisette à l'ail sur la cuisson des escargots en le passant avec un chinois.

6

Panez les galettes de pomme de terre à l'anglaise, en remplaçant la chapelure par de la poudre d'amande, mettez-les à frire et rectifiez l'assaisonnement si nécessaire. Faites frire à la poêle le reste du persil et les peaux des tomates dans de l'huile bien chaude.

7

Disposez chaque galette au centre d'une assiette, ajoutez les épinards sur le dessus et la tomate en croquette à côté. Nappez d'un cordon de sauce, sans toucher la croquette de tomates, et terminez en ajoutant le persil et les peaux des tomates frites.

Vin conseillé :
bourgogne aligoté Coche Dury 1996.

Pour 4 personnes

4 tomates mont athos (grosses tomates à chair épaisse)
2 douzaines de petits-gris avec leur coquille
100 g d'épinards
2 jaunes d'œuf
150 g de poudre d'amandes
250 g de rattes du Touquet
150 g de beurre
15 cl d'huile d'arachide
1 tête d'ail fumé d'Arleux
50 g de pain de mie
1 bouquet de persil
1 bouquet de cerfeuil
2 cuillerées à soupe de lait
20 g de sucre
sel, poivre

Homard en gelée de tomate Eurêka et légumes croquants

Jean Brouilly - Tarare

Pour 4 personnes

1 kg de tomate eurêka
1 homard de 500 g
200 g de blancs d'œuf
(environ 6 œufs)
1 cuillerée à café
de moutarde
1 citron
10 cl d'huile d'olive
1 petite courgette
2 poivrons, 1 rouge
et 1 vert
5 feuilles de gélatine
1 boule de céleri
de 50 g
herbes aromatiques
(persil, menthe,
agastache)
fleurs comestibles
(fleurs de fraisier,
capucine, bégonia)
sel, poivre

1

Réservez une tomate pour la vinaigrette ; lavez les autres, enlevez les pédoncules et passez les fruits au mixer. Faites-les cuire pendant 15 minutes dans une grande casserole. Salez, poivrez et ajoutez les blancs d'œuf légèrement battus. Mélangez bien et laissez cuire doucement pendant 20 minutes.

2

Passez cette préparation dans un chinois recouvert d'une étamine fine pour obtenir un liquide légèrement verdâtre. Ajoutez alors la gélatine (une feuille pour 10 cl de liquide), remuez délicatement et réservez au réfrigérateur pendant 4 à 5 heures.

3

Faites cuire le homard au couscoussier pendant 7 minutes, puis décortiquez-le en cassant les pattes et en écrasant la queue avec la paume de la main. Réalisez une vinaigrette au mixer avec la tomate réservée, la moutarde, du sel, du poivre et un peu d'huile d'olive. Passez-la à l'étamine fine.

Vin conseillé :
*mâcon-bussières,
domaine de
la Sarazinière.*

4

Parez les poivrons, la courgette et le céleri, puis détaillez-les en très petits cubes. Assaisonnez-les avec le jus du citron, du sel, du poivre et le reste d'huile d'olive.

5

Pour dresser, faites une belle couronne de légumes sur le bord d'une grande assiette plate, étalez au milieu la gelée de tomate après l'avoir émulsionnée à l'aide d'une cuillère, disposez le homard détaillé en morceaux et nappez-le de vinaigrette de tomate. Décorez avec les herbes aromatiques et les fleurs.

Tomates **black prince**
aux œufs brouillés et moules tièdes safranées, poivrons doux aux gésiers confits

Nicole Fagegaltier - Belcastel

1

Épluchez l'oignon et détaillez-le en gros morceaux. Nettoyez les moules, jetez celles qui sont ouvertes ou dont la coquille est cassée, mettez les autres dans une grande casserole. Ajoutez du persil, l'oignon, le thym, le laurier et 15 grammes de beurre. Placez sur feu vif, secouez de temps en temps, puis stoppez la cuisson lorsque les moules sont toutes ouvertes.

2

Décortiquez les moules (il doit vous en rester à peu près 200 grammes) et coupez le jambon en dés. Épluchez et émincez l'échalote, puis faites-la revenir dans un peu d'huile. Ajoutez le jambon, les moules, 20 g de crème et le safran. Réservez au chaud.

3

Cassez les œufs et battez-les à l'aide d'une fourchette, salez et poivrez. Versez-les avec le beurre dans une sauteuse déjà chaude et faites-les cuire au bain-marie, en remuant constamment avec un fouet ; ils doivent devenir crémeux et onctueux. En fin de cuisson, ajoutez le reste de crème et réservez au chaud.

4

Lavez les poivrons et parez-les, en prenant soin de bien retirer les peaux blanches et toutes les graines. Coupez en tout petits dés les poivrons et les gésiers. Faites revenir les poivrons dans un petit peu d'huile, puis ajoutez les gésiers et laissez cuire pendant quelques minutes. Lavez les tomates, découpez un chapeau dans la partie supérieure et évidez l'intérieur, en faisant bien attention à ne pas les percer.

5

Répartissez les dés de gésier et de poivron sur quatre assiettes. Disposez les tomates, garnissez-les d'œufs brouillés, recouvrez de la préparation aux moules et achevez en replaçant le chapeau.

Pour 4 personnes

4 tomates black prince
de 180 à 200 g chacune
600 g de moules de bouchot
4 œufs
1 grosse tranche de jambon
(environ 100 g)
2 poivrons doux
2 gésiers de canard
25 g de beurre
25 g de crème épaisse
1 échalote
1 oignon
1 pointe de safran
persil
1 petite branche de thym
1 feuille de laurier
huile
sel, poivre

Vin conseillé :
côtes-de-provence blanc.

1

Mettez les joues coupées en deux dans une terrine assez haute, ajoutez carottes, oignons, poireau, céleri et ail, le tout lavé et coupé en morceaux. Recouvrez avec le vin rouge et plongez-y le bouquet garni, le clou de girofle, l'anis étoilé, la coriandre, une poignée de gros sel et une douzaine de grains de poivre. Laissez mariner le tout pendant 24 heures au frais.

2

Versez les joues et leur marinade dans une grande marmite. Portez à petite ébullition et laisser cuire pendant 2 heures, en écumant soigneusement et régulièrement.

3

Préchauffez le four à 150 °C (th. 3). Pendant ce temps, mondez les tomates, ôtez un chapeau à chacune d'elles et évidez-les, en prenant soin de ne pas les percer. Salez et poivrez, disposez-les sur la plaque du four, aspergez-les d'huile d'olive et faites-les cuire pendant 1 h 30.

Tomate **mont athos** farcie de joue de bœuf marinée au vin rouge et foie de canard poêlé

Yves Camdeborde - Paris

Pour 4 personnes

4 grosses tomates
mont athos
1 kg de joue de bœuf,
parée par votre boucher
4 tranches de foie gras
frais de canard
de 120 g chacune
2 litres d'un vin rouge
corsé
2 cuillerées à soupe
de ciboulette ciselée
3 carottes
2 oignons
1 bouquet garni
1 poireau
1 branche de céleri
1 gousse d'ail
1 clou de girofle
1 anis étoilé
2 grains de coriandre
huile d'olive
fleur de sel de Guérande
poivre noir en grain
sel, poivre du moulin

4

Égouttez les joues à l'aide d'une écumoire, recouvrez-les d'un linge et réservez. Passez le jus de cuisson au chinois et faites-le réduire des deux tiers (comptez 8 à 10 minutes).

5

Émiettez les joues dans le jus de cuisson réduit et laissez mijoter pendant 4 à 5 minutes. Poêlez les tranches de foie gras dans une poêle antiadhésive afin de leur donner une belle coloration. Réservez au chaud.

6

Faites réchauffer les coques des tomates et dressez-les sur les assiettes. Farcissez-les avec l'effiloché de joue, posez dessus la tranche de foie gras, puis recouvrez-les du chapeau de tomate. Parsemez de gros sel de Guérande et de ciboulette, et servez tout de suite, bien chaud.

Vin conseillé : *béarn 1996, domaine Guilhemas (Pascal Lapeyre).*

Daurade royale en aigre-doux de tomates saint Mar

Chen - Shanghai/Paris

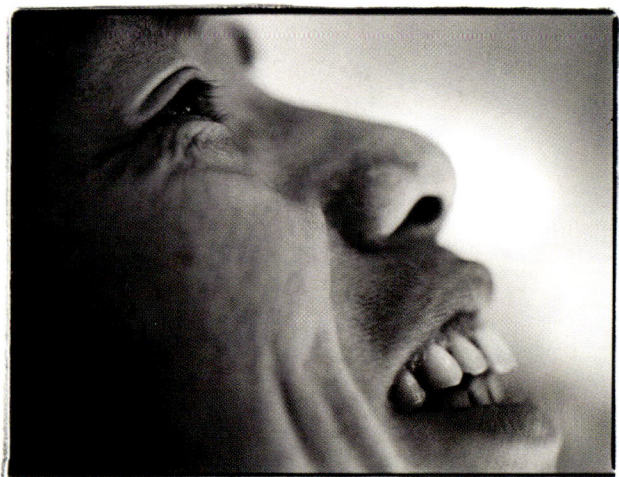

Pour 4 personnes

1 kg de tomates
saint Mar bien mûres
1 daurade royale de 1,5 kg
3 ou 4 citrons verts
non traités (environ 300 g)
2 oranges à jus non traitées
(environ 300 g)
300 g d'ananas frais
100 g de sucre de canne
1 piment oiseau
2 litres d'huile d'arachide
250 g de fécule de tapioca
50 cl de bouillon de volaille
15 cl de vinaigre d'alcool
1 cuillerée à café
d'huile de sésame
1 cuillerée à soupe rase
de concentré de tomate
quelques feuilles
de coriandre pour le décor
fleur de sel

1

Levez les filets de la daurade et incisez l'intérieur des deux filets jusqu'à la peau, en quadrillant la chair. Coupez chacun d'eux en quatre morceaux et saupoudrez-les de fécule afin qu'ils ne collent pas. Réservez.

2

Prélevez les zestes d'une demi-orange et d'un citron, puis pressez tous les agrumes. Détaillez l'ananas et les tomates mondées et épépinées en petits cubes. Plongez ces derniers ainsi que les zestes et le piment oiseau dans le bouillon de volaille. Portez le tout à ébullition et laissez cuire à feu doux pendant 20 minutes.

3

Filtrez le bouillon infusé et remettez-le dans la casserole. Ajoutez alors le concentré de tomate, le vinaigre, le sucre et une pincée de fleur de sel, puis donnez un bouillon. Mettez 2 cuillerées de fécule de tapioca dans un bol et ajoutez 2 cuillerées à soupe d'eau.

4

Faites chauffer l'huile dans un grand récipient (elle doit atteindre 110 °C). Pendant ce temps, repliez les morceaux de daurade sur eux-même en les maintenant avec des piques en bois, et plongez-les un par un pendant 30 secondes dans l'huile. Sortez-les à l'aide d'une écumoire et réservez au chaud (maintenez l'huile sur feu très doux).

5

Versez la fécule dans le bouillon, mélangez rapidement et ajoutez l'huile de sésame. Plongez une seconde fois les morceaux de daurade dans l'huile chaude, mais pendant seulement 5 secondes cette fois-ci.

6

Épongez rapidement les morceaux de poisson à l'aide de papier absorbant et dressez-les sur un plat chaud. Terminez en arrosant de sauce aigre-douce et en décorant de quelques feuilles de coriandre.

Vin conseillé :
gewurztraminer hugel 1996.

1

Mondez les tomates, coupez-les en rondelles d'environ 1 cm d'épaisseur et épépinez-les. Faites fondre une noix de beurre salé dans un plat à four, déposez les rondelles de tomate et passez-les sous le gril du four pendant quelques secondes : elles ne doivent griller que sur une seule face.

2

Laissez-les ensuite sécher doucement dans le four préchauffé à 150 °C (th. 3) pendant environ 2 heures. Une fois les tomates débarrassées de leur eau, hachez-les finement et réservez-les dans le plat de cuisson à température ambiante. Épluchez la gousse d'ail, hachez-la et mêlez-la au piment et aux fines herbes ciselées, puis ajoutez ce mélange au hachis de tomate.

Grenouilles farcies à la tomate ropreco paste

Alain Passard - Paris

Pour 4 personnes

24 grenouilles
150 g de tomates ropreco paste
1 cuillerée à soupe de feuilles
de menthe ciselées
1 cuillerée à café de feuilles
de coriandre ciselées
1 gousse d'ail
1 piment frais haché
24 brindilles de thym
6 feuilles de laurier
75 g de beurre salé

3

Enlevez la tête et la peau des grenouilles, videz-les et ôtez les pattes à l'aide de ciseaux. Placez une petite branche de thym et un quart de feuille de laurier à l'intérieur des grenouilles, puis garnissez-les de farce à la tomate.

4

Mettez le reste de beurre dans une sauteuse et faites-le chauffer jusqu'à ce qu'il mousse. Ajoutez alors les grenouilles et laissez-les cuire pendant 10 minutes à feu doux, jusqu'à ce qu'elles acquièrent une belle couleur blonde.

Vin conseillé : *bergerac 1997,
domaine du Moulin-des-Dames (SCEA de Conti).*

1
Préchauffez le four à 80 °C
(th. 1 et porte entrouverte).
Mondez et épépinez
les tomates dix doigts
de Naples ; réservez les peaux.

2
Coupez les tomates en deux
dans le sens de la longueur,
disposez-les sur la plaque
du four et arrosez-les d'un peu
d'huile de tomate, puis
saupoudrez légèrement
de sucre glace, de fleur de sel
et de poivre du moulin.

3
Huilez légèrement une autre
plaque et placez-y les peaux
de tomate réservées. Mettez
les deux plaques dans le four
et faites confire pendant
environ 1 h 30.

4
Coupez les tomates black
prince en quatre et mixez-les
à l'aide d'un robot, puis passez
rapidement le jus au chinois
et mettez-le à chauffer dans
une casserole.

5
Versez 3 cuillerées d'huile
de tomate dans
une sauteuse et faites-y
rissoler l'oignon haché, en
prenant soin qu'il ne colore
pas, puis versez le riz
et faites-le cuire pendant
2 à 3 minutes, jusqu'à ce
qu'il devienne nacré.
Remuez constamment
à l'aide d'une cuillère
en bois afin que les grains
soient parfaitement
enrobés.

Risotto aux tomates black prince et dix doigts de Naples

Patrice Hardy - Paris

6

Commencez à mouiller, à hauteur, de jus de tomate bouillant, salez et attendez que le jus réduise. Poursuivez alors la cuisson, en ajoutant régulièrement de petites quantités de jus de tomate.

7

Quand le riz est presque cuit mais encore légèrement croquant, ajoutez les deux tiers des tomates confites, que vous aurez préalablement coupées en dés. Versez le reste du jus et l'huile de tomate pour détendre le risotto et lui apporter une petite pointe d'acidité.

8

Ajoutez alors les noix de beurre et le parmesan afin de lier le risotto. Remuez vigoureusement avec une cuillère en bois, puis ajoutez le mascarpone pour que la préparation soit crémeuse et souple. Rectifiez l'assaisonnement en sel et en poivre.

9

Servez le risotto dans des assiettes creuses et chaudes, parsemez le reste des tomates confites (détaillées en bâtonnets) et arrosez d'un trait d'huile d'olive. Terminez en insérant quelques peaux de tomate séchées.

Pour 4 personnes

1,6 kg de tomates black prince
500 g de tomates dix doigts de Naples
200 g de riz rond (arborio de préférence)
100 g d'oignons hachés
100 g de beurre détaillé en petits morceaux
80 g de parmesan fraîchement râpé
50 g de mascarpone
60 g d'huile de tomates (voir ci-dessous)
huile d'olive vierge extra
sucre glace
fleur de sel
sel fin
poivre du moulin

Pour l'huile de tomate :
100 g d'oignons émincés
10 g d'ail (sans germe)
30 g de concentré de tomates
250 g de tomates bien mûres, épépinées
35 cl d'huile d'olive
1 branche de thym frais

Préparez l'huile de tomate au moins 24 heures avant de faire le risotto. Pour cela, portez les ingrédients à ébullition, stoppez aussitôt la cuisson et broyez le tout à l'aide d'un mixer. Laissez refroidir, réservez une nuit au réfrigérateur et passez au chinois le lendemain. Cette préparation se conserve plusieurs jours au frais.

Vin conseillé :

morgon (Marcel Lapierre).

Gnocchi di pomodoro principe borghese al profumo di nocciole e tartufo bianco

Gnocchi de tomates principe borghese au parfum de noisette et truffe blanche

Luisa Valazza
Soriso (Italie)

Pour 4 personnes

4 tomates principe borghese
bien mûres mais fermes
2 grosses pommes de terre
1 œuf
1 cuillerée à soupe
de parseman rapé
15 noisettes du Piémont
40 g de truffe blanche
1 échalote
50 g de beurre
1 cuillerée à soupe
d'huile d'olive
sel
poivre du moulin

1
Faites cuire les pommes de terre avec leur peau dans une eau légèrement salée pendant environ 20 minutes. Pendant ce temps, coupez, mondez et épépinez les tomates, puis hachez-les.

2
Faites revenir l'échalote hachée dans l'huile d'olive, ajoutez les tomates concassées et laissez cuire jusqu'à évaporation de l'eau de végétation.

3
Passez les pommes de terre et les tomates au presse-purée, puis versez le tout dans un saladier. Ajouter l'œuf, le parmesan, salez et poivrez à votre convenance.

4
À l'aide de deux cuillères, façonnez cinq gnocchi par personne et faites-les cuire dans un cuit-vapeur pendant 5 minutes. Disposez-les ensuite sur les assiettes et nappez-les de beurre fondu. Parsemez de noisettes hachées, préalablement dorées à la poêle, puis de lamelles de truffe.

Vin conseillé : *sauvignon Artemi di Brassica-Gaja.*

1

Mélangez tous les ingrédients de la pâte et pétrissez-les pendant 10 minutes : la pâte doit être bien homogène et ne plus coller aux doigts. Laissez-la reposer sous un torchon humide pendant 15 à 20 minutes.

2

Sur le plan de travail légèrement fariné, abaissez la pâte avec un rouleau à pâtisserie (1 à 2 mm d'épaisseur). Coupez à l'aide d'une roulette de longues bandelettes d'environ 7 mm de largeur.

Tagliatelles à la tomate roma

Nicola Piscioneri - Vallauris

Pour 6 personnes

Pour la sauce :
350 g de tomates roma
30 cl de crème liquide
30 g de parmesan

Pour 600 g de pâte crue :
400 g de semoule
de blé dur fine
3 œufs
10 g de poudre de tomate ou,
à défaut, 2 cuillerées
de concentré de tomate
1 verre à moutarde d'eau
(un peu moins si vous utilisez
le concentré)

Vin conseillé :
*bardolino-classico 1994
(Cesari).*

3

Mettez à bouillir une grande quantité d'eau salée dans une marmite et, lorsqu'elle atteint l'ébullition, plongez les pâtes. Laissez-les cuire pendant 2 à 3 minutes, égouttez-les et réservez-les au chaud dans un saladier avec 2 cuillerées à soupe d'eau au fond.

4

Faites chauffer dans une casserole la tomate concassée et la crème liquide, et donnez un bouillon. Dressez les pâtes, arrosez-les de sauce et saupoudrez de parmesan, râpé ou détaillé en copeaux.

Confiture de tomates green zebra, pommes, cannelle et noix

Christine Ferber - Niedermorschwihr

Recette pour 8 pots de 230 g

900 g de tomates vertes green zebra
900 g de sucre cristallisé
800 g de pommes idared (ou belle de boskop)
1 citron
1 bâton de cannelle
50 g de cerneaux de noix brisés

1

Rincez les tomates à l'eau fraîche et essuyez-les avec un torchon. Coupez-les en quatre, ôtez leurs pépins ainsi que la partie blanche du cœur, puis mettez-les à égoutter dans une passoire. Il doit vous rester environ 550 grammes de chair.

2

Disposez dans une terrine les quartiers de tomate, la moitié du sucre et le jus du citron, mélangez et ajoutez le bâton de cannelle. Couvrez d'une feuille de papier sulfurisé et laissez macérer pendant une nuit.

3

Le lendemain, versez cette préparation dans une bassine à confiture, portez à ébullition et laissez frémir pendant 5 minutes. Versez ensuite la préparation dans une terrine, couvrez d'une feuille de papier sulfurisé et réservez au frais pendant une nuit.

4

Le troisième jour, reversez le tout dans la bassine à confiture et portez doucement jusqu'au frémissement. Pendant ce temps, pelez les pommes, coupez-les en quatre et évidez-les (vous devez obtenir à peu près 550 grammes de chair).

5

Détaillez les quartiers de pomme en fines lamelles, que vous ajouterez dans la bassine à confiture avec le reste de sucre. Portez à ébullition et maintenez la cuisson à feu doux pendant 5 minutes environ : les tomates et les pommes doivent être tendres.

6

Écumez soigneusement, enlevez le bâton de cannelle, puis ajoutez les noix et portez de nouveau à ébullition. Versez alors votre confiture dans les pots, préalablement ébouillantés, et couvrez aussitôt.

> *Achetez des tomates vertes green zebra ou cueillez à l'automne les dernières tomates de votre jardin. Choisissez les plus belles et les plus vertes.*

1

Hachez finement les oignons et râpez les grains de maïs pour les retirer de l'épi. Ne vous servez surtout pas d'une Moulinette pour hacher le maïs : il doit être râpé, sinon les peaux fines des grains ne seront pas bien déchiquetées et le mélange sera alors trop liquide.

Pepian de maïs aux tomates corne des Andes

Jennifer Tabary - Paris/Lima (Pérou)

pour 4 à 6 personnes

6 tomates corne
des Andes bien mûres
2 oignons
6 épis de maïs frais
1 cuillerée à soupe
de feuilles de coriandre
fraîches hachées
finement
125 g de fromage
de chèvre, s'émiettant
facilement mais pas
trop sec (de type feta)
quelques olives noires
dénoyautées
huile d'olive
sel, poivre

2
Mondez les tomates, épépinez-les et hachez-les. Faites revenir les oignons dans l'huile d'olive jusqu'à ce qu'ils soient transparents, puis ajoutez les tomates et le maïs râpé, salez et poivrez.

3
Amenez à ébullition et faites mijoter à feu doux pendant 20 minutes environ, jusqu'à obtention d'une sauce de même consistance qu'une soupe épaisse. Remuez de temps en temps pour éviter que le *pepian* ne caramélise.

4
Ajoutez la coriandre hachée et le fromage de chèvre grossièrement émietté, puis laissez cuire pendant 5 minutes, jusqu'à ce que le fromage se désagrège et s'incorpore à la sauce. Retirez alors du feu et ajoutez les olives noires. Servez immédiatement avec du riz blanc ou brun, ou laissez refroidir et proposez le *pepian* comme « trempette » pour des légumes frais.

Vin conseillé : *merlot de Mendosa (Chili).*

" *Cette recette de Sedelle Larosa, qui l'a reçue de sa grand-mère, est un plat typique du Pérou. Le* **pepian** *accompagne parfaitement le riz, ainsi que le quinoa ou d'autres céréales.* "

1

Mondez soigneusement les tomates, en leur laissant le pédoncule. Faites préchauffer le four à 130 °C (th. 2).

2

Mettez la moitié du beurre et le sucre dans une poêle antiadhésive, et faites chauffer à feu vif jusqu'à obtention d'un caramel blond.

Des desserts

Petites tomates washington cherry confites au caramel à la menthe, glace vanille

Jacques et Laurent Pourcel - Montpellier

Pour 4 personnes

12 tomates
washington cherry
bien mûres
100 g de sucre
60 g de beurre
10 feuilles
de menthe fraîche
50 cl de glace
à la vanille

3
Ajoutez alors les tomates, enrobez-les bien de caramel et faites-les cuire pendant environ 10 minutes, sans cesser de tourner et en ajoutant de temps en temps quelques cuillerées à soupe d'eau.

4
Retirez les tomates et réservez-les au four le temps de monter le caramel. Émincez 6 feuilles de menthe et ajoutez-les au caramel avec un peu d'eau et le reste de beurre, remuez vivement.

5
Disposez sur chaque assiette trois tomates et une quenelle de glace à la vanille au centre. Nappez les tomates de sauce au caramel, décorez d'une petite feuille de menthe et servez rapidement.

Vin conseillé : *minervois 1996, domaine La-Tour-Boisée vendanges tardives.*

" *Vous pouvez accompagner ce dessert de biscuits jésuites ou bien de tuiles au sucre.* "

Tomates **barbaniaka** confites en semoule, peaux de pêche frites et glace au fromage blanc

Xavier Aubrun et *Thierry Jimenez* - Saché

Pour 4 personnes

40 tomates barbaniaka
(ou des tomates cerises)
90 g de sucre
37 cl d'eau
60 g de semoule fine
500 g de fromage blanc
à 20 % de matières grasses
2 pêches
30 g de raisins de Corinthe
20 g de fruits confits détaillés
en petits dés
1 cuillerée à soupe d'huile
d'olive
1 gousse de vanille Bourbon
le zeste d'un citron non traité
le jus de 2 citrons
25 cl d'huile de pépins
de raisin
sucre glace pour saupoudrer
40 petites feuilles de menthe
(pour le décor)

1

Faites chauffer l'huile d'olive dans une casserole, ajoutez la semoule, 3 cuillerées à soupe d'eau, 20 grammes de sucre, la moitié du jus de citron et la gousse de vanille, fendue en deux dans le sens de la longueur. Laissez cuire pendant 5 à 8 minutes (la semoule ne doit pas coller), puis incorporez les fruits confits hors du feu et réservez.

2

Mondez les tomates. Dans une grande casserole, faites un sirop avec 20 grammes de sucre et 25 cl d'eau. Incorporez-y les raisins de Corinthe et laissez cuire pendant 10 minutes à feu très doux, puis ajoutez les tomates pelées et faites cuire encore pendant 5 minutes. Réservez.

3

Faites un sirop avec 6 cuillerées à soupe d'eau, 50 grammes de sucre, le reste de jus de citron et le zeste du citron, préalablement taillé en fines languettes. Incorporez le fromage blanc et laissez refroidir le mélange, puis passez-le en sorbetière et maintenez la glace au froid.

4

Lavez et épluchez les pêches. Taillez la peau en fines lanières et faites-la frire pendant quelques secondes dans l'huile de pépins de raisin (à environ 250 °C). Retirez les peaux frites à l'aide d'une écumoire et placez-les sur un papier absorbant.

5

Constituez sur chaque assiette un socle avec la semoule (aidez-vous d'un cercle à tartelette de 8 cm de diamètre). Disposez environ 15 tomates confites sur la semoule et arrosez-les d'un peu de sirop de cuisson. Ajoutez 2 quenelles de glace, quelques raisins et parsemez de peaux de pêche frites. Terminez en plaçant entre les tomates des petites feuilles de menthe et saupoudrez de sucre glace.

Vin conseillé :

vouvray moelleux, premier cru de tris-huet 1990.

" *Votre dessert sera encore plus savoureux si vous servez la semoule tiède.* "

Des desserts

Tomates washington cherry confites au sucre roux et sirop de framboise

Michel Bruneau - Caen

Pour 4 personnes

4 tomates washington cherry
500 g de framboises
12 feuilles de menthe
500 g sucre roux
quelques baies roses
50 cl d'eau minérale

1

Mondez les tomates, évidez-les et retournez-les pour les laisser égoutter. Mélangez le sucre et l'eau dans une grande casserole et mettez à chauffer.

2

Lorsque le sucre est complètement fondu, réservez la moitié du sirop et faites confire les tomates dans l'autre moitié pendant 10 minutes sur feu doux. Préchauffez le four à 160 °C (th. 3/4).

3

Ciselez les feuilles de menthe. Mixez 250 grammes de framboises dans le sirop réservé. Fourrez les tomates avec les framboises entières, ajoutez la menthe ciselée et les baies roses.

4

Disposez les tomates dans un petit plat à four, arrosez-les du sirop de framboise et enfournez pour 10 minutes, en arrosant souvent.

Vin conseillé : *cidre doux de François David à Blangny-le-Château*

" *Servez ces tomates confites avec de la glace à la vanille. Tous les fruits rouges s'adaptent à cette recette ; il en va de même pour les herbes. Ainsi, on peut remplacer la menthe par du basilic ou de la verveine.* "

Fraîcheur de tomates san marzano et fruits rouges

Jacques Chibois - Grasse

Pour 4 personnes

5 tomates san marzano
de taille moyenne
(500 g environ en tout)
500 g de fruits rouges
(framboises, fraises,
groseilles, mûres
et fraises des bois,
selon la saison)
2 cuillerées à soupe
d'huile d'olive
d'Andalousie
1 cuillerée à café
de vinaigre balsamique
80 g de sucre en poudre
1 cuillerée à café
de concentré de tomate
20 cl d'eau
3 tours de moulin
de poivre gris
quelques feuilles
de menthe fraîche

1
Mondez les tomates, puis lavez rapidement les fraises et équeutez-les. Dans le bol d'un mixer, mettez 3 tomates, préalablement coupées en quatre, la moitié des fruits rouges, 70 g de sucre, le concentré de tomate, le poivre, le vinaigre, l'huile d'olive et l'eau.

2
Mixez à grande puissance pendant environ 1 minute, jusqu'à ce que vous obteniez un mélange homogène et fluide. Passez au chinois (ou à la passoire fine) et mettez à rafraîchir au réfrigérateur pendant 1 à 2 heures ; pour que la préparation refroidisse plus vite, placez-la dans le congélateur pendant 15 minutes.

3
Épépinez les deux dernières tomates et coupez la pulpe en petits cubes. Poudrez-les du reste de sucre, mélangez et laissez mariner pendant 15 minutes.

4
Versez la soupe glacée dans de jolis bols ou dans des petites assiettes creuses. Répartissez dessus les fruits rouges restants et les dés de chair de tomate, décorez avec les feuilles de menthe et servez bien frais.

Vin conseillé :
la tourmaline rosé, château de Peyrassol Plassous, Mme Rigord.

" Issue d'un vin rosé, la tourmaline dévoilera ses arômes de fruits rouges et de fleurs, en harmonie avec ce dessert. En bouche, ce vin vous enveloppera le palais de sa rondeur, et son acidité rappellera sa fraîcheur. L'huile d'olive d'Andalousie, généreuse et puissante, pleine de soleil, accommodera à merveille ce plat résolument estival. "

Des desserts

Spaghettini aux tomates cœur de velours et evergreen sucrées, jus de fraise et sorbet balsamique

Pierre Hermé - Paris/New York/Tokyo

1
Mondez les tomates cœur de velours, conservez la peau et faites-la sécher dans un four chaud éteint. Coupez les tomates en quartiers et épépinez-les. Dans un plat, rangez les quartiers de tomate les uns à côté des autres. Faites bouillir l'eau et 250 grammes de sucre, et versez aussitôt sur les quartiers de tomate. Couvrez d'un film plastique et laissez macérer 24 heures.

2
Le lendemain, égouttez les tomates, jetez le jus et versez les fruits dans un saladier. À l'aide d'une fourchette, écrasez la chair très grossièrement. Assaisonnez avec 30 grammes de sucre, le poivre, la fleur de sel, le basilic ciselé et le jus de citron. Réservez au frais.

3
Mondez les tomates evergreen, conservez la peau et faites-la sécher dans un four chaud éteint. Coupez les tomates en quartiers et épépinez-les.

4

Préchauffez votre four à 90 °C (th. 1 et porte entrouverte). Disposez un papier d'aluminium badigeonné d'huile d'olive sur la plaque du four. Saupoudrez de la moitié du sucre glace et posez dessus les quartiers de tomate bien à plat, les uns à côté des autres. Arrosez d'huile d'olive, saupoudrez du reste de sucre glace et laissez sécher dans le four durant 3 heures environ, en retournant les tomates à mi-cuisson. Conservez ces tomates mi-sèches au réfrigérateur, recouvertes d'un film plastique.

5

Versez les fraises, le sucre et le jus de citron dans un saladier en faïence, et couvrez-le d'un film plastique. Posez le saladier dans un bain-marie et laissez cuire à feu doux pendant 45 minutes, puis filtrez pour recueillir le jus de fraise. Vous pouvez conserver les fruits cuits pour aromatiser du fromage blanc ou des yaourts, ou les servir en compote au petit déjeuner

6

Versez les deux vinaigres dans un saladier, ajoutez-leur le sucre, l'eau et le poivre noir. Mélangez jusqu'à ce que le sucre fonde et faites glacer en sorbetière.

Recette pour 8 personnes

80 g de spaghettini
2 cuillerées à soupe d'huile d'olive
16 cl d'eau
1 pincée de fleur de sel

Pour la chair de tomate au sucre :
5 ou 6 tomates cœur de velours
250 g + 30 g de sucre semoule
40 cl d'eau
1 cuillerée à soupe de jus de citron
1 pincée de fleur de sel
4 ou 5 tours de moulin de poivre noir
6 belles feuilles de basilic

Pour les tomates au sucre mi-séchées :
5 tomates vertes evergreen
100 g de sucre glace
3 cuillerées à soupe d'huile d'olive de très bonne qualité

Pour le jus de fraise :
700 g de fraises équeutées
70 g de sucre semoule
le jus d'un demi-citron

Pour le sorbet au vinaigre balsamique :
2 cuillerées à soupe de vinaigre balsamique
1 cuillerée à café de vinaigre de vin blanc
25 cl d'eau
100 g de sucre semoule
4 ou 5 tours de moulin de poivre noir

Pour la crème de mascarpone :
100 g de mascarpone
10 g de sucre semoule
3 cuillerées à soupe de lait frais entier

Pour le décor :
5 tomates noires de Russie
30 g de sucre semoule

7

Dans un grand récipient en aluminium ou en inox, faites nacrer les spaghettini dans l'huile d'olive chaude. Ajoutez l'eau et la fleur de sel, puis laissez cuire durant quelques minutes pour que les pâtes l'absorbent. Mouillez avec le jus de fraise et poursuivez la cuisson de façon à les cuire *al dente*. Égouttez les pâtes, puis laissez-les refroidir et gardez-les au frais.

8

À l'aide d'une palette, détendez le mascarpone avec le lait. Ajoutez le sucre et mélangez. Gardez au réfrigérateur.

9

Lavez les tomates noires de Russie, coupez-les en deux, tranchez-les finement et disposez-les en couronne autour de l'assiette. Assaisonnez de sucre semoule. À l'aide d'une fourchette, enroulez une partie des spaghettini et disposez-les à l'intérieur de la couronne de tomates. Nappez d'une bonne cuillerée de chair de tomate au sucre, d'une cuillerée de tomates mi-sèches écrasées, puis d'une cuillerée de crème de mascarpone. Pour finir, disposez une quenelle de sorbet au centre et décorez des peaux de tomate séchées.

Vin conseillé :
champagne sec Anselme Selosse, ou vin cuit de Provence du domaine des Bastides (Salen).

" *Les composantes de cette recette peuvent et doivent être préparées quelques heures en avance, voire même la veille. Servez le sorbet au vinaigre balsamique froid mais pas trop ferme, afin de mieux apprécier sa saveur.* "

tomate
Carnets

Carnet des amoureux

Ferran Adrià,
El Bulli
Cala Montjoi, 17480 Roses
(Espagne) – Tél. : (34) 972 15 04 57.

Jean-Marie Amat,
Le Saint James
3, place Camille-Hostein, 33270
Bouliac – Tél. : 05 57 97 06 00.

Xavier Aubrun et Thierry Jimenez,
L'Auberge du XII siècle
1, rue Principale, 37190 Saché –
Tél. : 02 47 26 88 77.

David Bouley,
Bouley Bakery & Restaurant – Restaurant Danube et Bouley Home
120 West Broadway & Duane Street, 10013 New York (États-Unis) – Tél. : (1) 212 964 25 25.

Michel Bras,
Route de l'Aubrac, 12210
Laguiole – Tél. : 05 65 44 32 24.

Jean Brouilly,
3 ter, rue de Paris, 69170 Tarare
Tél. : 04 74 63 24 56.

Michel Bruneau,
La Bourride
15-17, rue du Vaugueux, 14000
Caen – Tél. : 02 31 93 50 76.

Bruno Caironi,
Le Parc de Villeneuve
RN 71 Hameau de Villeneuve,
10110 Bar-sur-Seine
Tél. : 03 25 29 16 80.

Yves Camdeborde,
La Régalade
49, avenue Jean-Moulin, 75014
Paris – Tél. : 01 45 45 68 58.

Chen,
15, rue du Théâtre, 75015 Paris
Tél. : 01 45 79 34 34.

Jacques Chibois,
La Bastide Saint-Antoine
48, avenue Henri-Dunant, 06130
Grasse – Tél. : 04 93 09 16 48.

Thierry Coué,
Les Amognes
243, rue du Faubourg-Saint-Antoine, 75011 Paris
Tél. : 01 43 72 73 05.

Michel Del Burgo,
Le Bristol
112, rue du Faubourg-Saint-Honoré, 75008 Paris
Tél. : 01 53 43 43 00.

Christian Étienne,
10, rue de Mons, 84000 Avignon
Tél. : 04 90 86 16 50.

Nicole Fagegaltier,
Restaurant du Vieux Pont
12390 Belcastel
Tél. : 05 65 64 52 29.

Christine Ferber,
Maison Ferber
18, rue des Trois-Épis, 68230
Niedermorschwihr
Tél. : 03 89 27 05 69.

Éric Fréchon,
10, avenue du Général-Brunet,
75019 Paris
Tél. : 01 40 40 03 30.

Roland Gauthier,
La Grenouillère
La Madelaine-sous-Montreuil
B.P. 2, 62170 Montreuil
Tél. : 03 21 06 07 22.

Fréderick Grasser-Hermé
Secret-gourman@calva.net.

Benoît Guichard,
Jamin
32, rue de Longchamp, 75016
Paris – Tél. : 01 45 53 00 07.

Fatima Hal,
Mansouria
11, rue Faidherbe, 75011 Paris
Tél. : 01 43 71 00 16.

Pierre Hermé,
Pierre Hermé Pâtissier (ouverture fin 1999) – Tél. : 01 45 74 20 00.
À Tokyo : *Pierre Hermé Pâtissier Paris* – Hôtel New Otani (Main Lobby floor) 4-I-Kioi-cho
Chiyoda-Ku – Akasaka – Tokyo 102-8578. À New York (ouverture automne 2000).

Jacques Mahou,
Au Vieux Four
7, place des Petites-Boucheries, 37000 Tours – Tél. : 02 47 66 62
33, Halles centrales, 37000 Tours
Tél. : 02 47 38 63 55.
4, rue Gaston-d'Orléans, 41000
Blois – Tél. 02 54 78 06 26.

Valentino Marcattilii,
Ristorante San Domenico
Via Gaspare Sacchi, 1, 40026
Imola (Italie) –

Tél. : (39) (0542) 29000.

Gualtiero Marchesi,
Via Vittorio Emanuelle, 11,
25030 Erbusco (Italie) –
Tél. : (39) (30) 776 05 62.

Marc Meneau,
L'Espérance
89450 Saint-Pere-sous-Vezelay
Tél. : 03 86 33 39 10.

Flora Mikula,
Les Olivades
41, avenue de Ségur, 75007
Paris – Tél. : 01 47 83 70 09.

Christian Parra,
L'Auberge de la Galupe
Place du Port, 64240 Urt
Tél. : 05 59 56 21 84.

Carnet d'adresses

Alain Passard,
L'Arpège
84, rue de Varenne, 75007 Paris
Tél. : 01 45 51 47 33.

Nicola Piscioneri,
Pasta Fresca
53, rue Clément-Bel, 06220
Vallauris – Tél. : 04 93.64.09.87.

Jacques et Laurent Pourcel,
Le Jardin des Sens
11, avenue Saint-Lazare, 34000
Montpellier – Tél. 04 67 79 63 38.

Reine Sammut,
La Fenière
Route du Cadenet (D. 943),
84160 Lourmarin
Tél. : 04 90 68 11 79.

Roger Souvereyns,
Scholteshof
Kermstraat, 130 – 3512 Stevoort
(Hasselt) (Belgique)
Tél. : (32) (011) 250202.

Claude Taffarello,
L'Auberge du Poids Public
31540 Saint-Felix-Lauragais
Tél. : 05 61 83 00 20.

Luisa Valazza,
Al Sorriso
Via Roma, 18, 28018 Soriso
(Italie) – Tél. : (39) (0322) 98 32 28.

Antoine Westermann,
Buerehiesel
4, parc de l'Orangerie, 67000
Strasbourg
Tél. : 03 88 45 56 65.

Jean Pierre Xiradakis,
La Tupinà
6, rue Porte-de-la-Monnaie,
33000 Bordeaux
Tél. : 05 56 91 56 37.

Botanique Éditions
Dans son catalogue de vente par correspondance, François Brouilly a regroupé tout ce qu'il vous faut pour étiqueter votre jardin, avec une large gamme de matériaux à marquer soi-même et un service de gravure (haute-couture !) pour des étiquettes de collectionneur.
Tél. : 01 30 54 56 77. V.P.C./V.S.P.

Conservatoire de la tomate
Historiquement, le premier en France. Pour découvrir plus de quatre cents variétés de tomates dans un magnifique potager datant du XIXe siècle. Château de la Bourdaisière,
37270 Montlouis-sur-Loire. Tél. : 02 47 45 16 31.

G. Detou *a, comme son nom l'indique, tout ce qu'il faut pour réaliser de grands desserts autour de la tomate (y compris de la Trémoline, ce sirop de sucre inverti anticristallisant, garant d'une texture et d'une conservation idéales pour les glaces).* 58, rue Tiquetonne, 75002 Paris. Tél. : 01 42 36 54 67. Fax : 01 40 39 08 04.

La Ferme des saveurs
Marie-Claude et Jean-Marc Parra vous invitent à réaliser un tour du monde des saveurs dans votre potager (une vingtaine de basilics et des tomates anciennes vendues en godets).
La Marche, 33190 Puybarban. Tél. : 05 56 61 01 19. V.P.C./V.S.P.

Les huiles d'olive O&CO
Olivier Bossan, véritable Phileas Fogg des saveurs, a sélectionné les grands crus d'huile d'olive de la Méditerranée. Essayez la latium sur une simple salade de tomates... et découvrez en exclusivité, en provenance directe de Sicile, la poudre de tomate séchée, essentielle pour les sauces, soupes, glaces ou sorbets. Oliviers&CO, 04300 Mane (Haute-Provence).
Appel gratuit : 0 800 03 28 96.

La Pépinière entomologique
Dans son catalogue, Jean-Luc Lambert propose aux « jardiniers-tomatologues » des plants de tomates en mini-mottes faciles à cultiver ainsi que des plants de basilic, de thym, de romarin, de livèche, d'hysope et autres sauges de grande qualité. Ecocert, Les Pictières,
49730 Varennes-sur-Loire. Tél./Fax : 02 41 51 77 28. V.P.C./V.S.P.

Magellan
Les traitements, les engrais, les composts, etc., pour l'agriculture biologique. Zone artisanale Les Landes, 24290 La Chapelle-Aubareil.
Tél. : 05 53 51 22 25. Fax : 05 53 51 22 54. V.P.C./V.S.P.

Terre de Semences
Dominique Guillet, véritable « missionnaire » de la biodiversité, présente dans son catalogue plus de 300 variétés de graines de tomates (bien sûr toutes issues de l'agriculture biologique), mais aussi 24 sortes de basilics au parfum d'anis, de cannelle, de citron, etc.
Vente par correspondance. Chemin de Parenove, 30100 Alès.
Tél. : 04 66 30 64 91. Fax : 04 66 30 61 21. V.P.C.

Carnet
de lectures du jardinier

La Gazette des Jardins
*Savoir-faire, humour, petit prix,
c'est la revue in-dis-pen-sa-ble !*
Sur abonnement et en kiosque.
23, avenue du Parc-Robiony, 06200 Nice.
Tél. : 04 93 96 16 13. Fax : 04 92 15 00 61.

Hommes & Plantes
*C'est la revue trimestrielle du Conservatoire
français des collections végétales spécialisées.
À lire et à relire !*
Sur abonnement. 84, rue de Grenelle, 75007
Paris. Tél. : 01 44 39 78 84. Fax : 01 44 39 78 85.

Les 4 Saisons du jardinage
La revue de l'agro-biologie. Sur abonnement.
B.P. 20-38711 Mens Cedex. Tél. : 04 76 34 80 80.

http://ww.tomato.org
*Le site web américain dédié à la tomate :
à visiter d'urgence !*

The Tomato Handbook,
J. Bennett, Firefly Books, 1997.
*Deux solanées rouges de l'Amérique à l'Europe :
piment et tomate*, E. Katz, Cahiers d'Outre-Mer,
n°45 (179-180), juillet-décembre 1992.

The History of the Use of the Tomato
an annotated bibliography, MacCue, G.A.,
Annals of the Missouri Botanical Garden,
Vol. 39, 1952.

Les Légumes,
R. Philipps et M. Rix,
La Maison Rustique, 1994.

**Le jardin en mouvement de La Vallée
au Parc André Citroën,**
Gilles Clément, Sens & Tonka, 1994.

Le jardin planétaire,
Gilles Clément, Éd. de l'Aube, 1997.

Jardins,
Michel Baridon, Éd. Laffont, 1998.

Carnet
de lectures du gourmand

La Cuisinière du cuisinier,
Frédérick E. Grasser, Belin, 1994.

Méditerranées, cuisine de l'essentiel,
Alain Ducasse et Frédérick E. Grasser,
Hachette, 1996.

Les saveurs et les gestes,
Fatima Hal, Stock, 1995.

Mes confitures,
Christine Ferber, Payot, 1997.

The Man who ate everything,
Jeffrey Steingarten,
Vintage Books Ed., 1998.

Révélations gastronomiques,
Hervé This, Belin, 1995.

El Bulli el sabor, del mediterràneo,
Ferran Adrià, Antàrida, 1993.

Les Herbes au Scholteshof,
Roger Souvereyns, Lannoo, 1997.

La Magie de la tomate,
Christian Étienne, Édisud, 1998.

Secrets gourmands,
Pierre Hermé, Larousse, 1994.

Plaisirs sucrés,
Pierre Hermé, Hachette, 1997.

L'Art de parler la bouche pleine,
Jean-Marie Amat et Jean-Didier
Vincent, Éd. La Presqu'île, 1996.

La Cuisine de reine,
Reine Sammut, Hachette, 1997.

Le Génie des saveurs,
Jean-François Abert,
Calmann-Lévy, 1994.

Remerciements

Les princes Louis-Albert et Philippe-Maurice de Broglie,
pour avoir accueilli le Conservatoire de la tomate,
et Marc Brizion pour l'avoir élevé.
Dominique Guillet, source irremplaçable de semences
et de savoir.
Jean-Louis Guillermin, pour avoir dépensé
sans compter temps et talent.
Frédérick E. Grasser, pour son savoir-faire
et son faire-savoir.
Pierre Hermé, source inépuisable de saveurs
et de gourmandises.
Patrick Saint-Aubin, le sherpa de la tomate,
qui a eu la gentillesse de nous faire parvenir
les travaux des chercheurs de l'INRA à Montfavet,
Mme J. Philouze et M. H. Latterot notamment :
ils nous ont beaucoup appris, et nous espérons
ne pas avoir trop dénaturé leur travail.
À Monfavet également, M. A. Moretti, qui nous a confié
ses très belles photographies des espèces botaniques
de *Lycopersicon*.
SOCREPA et Charles Znaty, notre conseil
en bon conseils.
Louise Bertaux, dite l'Ange Bertaux, pour sa patience
et son soutien.
Annick-Chronopostwebcolirailtaxicollissimo-Thomas
d'Epeigné-les-Bois.
Dominique Hisbergue, graphiste de Grand Prix
et F1 de la tomate.
Angèle Colin, pour avoir presque tout saisi de la tomate,
Marcel Colin, pour ses travaux administratifs,
et leur fils Olivier pour la systématique de *Lycopersicon*
et sa relecture.
Michèle et Jean-Claude Lamontagne : au sommet
de la compétence, comme d'habitude !
Michel Baridon, pour la reproduction de la Mandragore.
Danièle Florens et le Museum national d'histoire naturelle
pour la bibliographie annotée de l'histoire de l'utilisation
de la tomate, de G.A. McCue.
Pierre Ferchand de l'hôtel Bristol, pour sa gentillesse,
et Franck Leroy, pour ses tours de main.
Le CTIFL, pour l'extrême attention des services
documentation et études.
Agnès Mignonac, pour la tomate côté nutrition et santé.
Alexandra Tims-Mallet, Hélène Berthaud, Bruno Giustino
et Lam Vu Dhin, pour leur fidélité.
Sabine Houplain et Valérie Tognali, dont la gentillesse
et la tenacité n'ont jamais failli.
Et *last but not least*, Arabella et Marguerite pour
leur patience... et leur gourmandise !

Notes

1. F. HERNANDEZ, *Historia Naturel de la Nueva Espana*, UNAM Mexico, 1959.
2. Petrus Andreas MATTHIOLUS, *Di Pedacio Dioscoride Anazarbeo libri cinque della historia, et materia medicinale trodotti in lingue vulgare Italiana*, Venetia, 1544.
3. Iacobus Theodorus TABERNAEMONTANUS, *Neuw Kreuterbuch*, vol. II, digerirt und vollbracht durch Nicholaum Braun, Franckfurt am Mayn, 1591.
4. Emmanuel LE ROY LADURIE, *Les Paysans de Languedoc*, Paris, 1966.
5. Philip MILLER, *The Gardener's Dictionary*, London, 1731.
6. P.G. BUC'HOZ, *Le Dictionnaire raisonné universel des plantes, arbres et arbustes de la France*, Paris, 1770.
7. M.C.D., chef de cuisine de M. le prince de ***, *Dictionnaire des aliments, vins et liqueurs*, Paris, 1750.
8. BRILLAT-SAVARIN, *Physiologie du goût*, Flammarion, collec. Champs, Paris, 1982, p. 97.
9. G. MÉTAILLÉ, *Cahiers d'Outre-Mer*, n°45 (179-180), juillet-décembre 1992.
10. *Journal of the National Cancer Institute*, December 1995.

Crédits photographiques

Toutes les photographies de cet ouvrage sont de Jean-Louis Guillermin, exceptées :

© Jean-Claude Lamontagne, pp. 12 (bas), 15, 18 (bas) 20 (haut) 22, 25 (bas), 26, 39 (bas), 46 (milieu et bas), 43 (à gauche et bas), 44, 46, 50 (haut), 52 (haut), 89 (haut), 90 (bas), 91
© INRA-A. Moretti, p. 13
© Patrick Mikanowski, p. 12 (haut)
© Bibliothèque centrale M. N. H. N. Paris, p. 14
© Bibliothèque municipale de Dijon, p. 19
© Édimédia - Succession Picasso 1999, p. 21
© Cercle d'art/Edimédia, p. 25 (haut)
© AKG Photo - Adagp, Paris, 1999, p. 27
© Rustica, n° 13 - 1er avril 1951, p. 29

Édition
Valérie TOGNALI et Cécile AOUSTIN
Responsable artistique
Sabine HOUPLAIN
Mise en pages
HISBERGUE DESIGN GRAPHIC
Photogravure
PackÉdit, à Paris
Achevé d'imprimer sur les presses d'I.M.E.,
à Baume-les-Dames
Dépôt légal : 3485 - Juillet 2000
ISBN : 2.84277.155.9
34/1317/6-02